Quick Guide

Reihe herausgegeben von
Springer Fachmedien Wiesbaden
Wiesbaden, Deutschland

Quick Guides liefern schnell erschließbares, kompaktes und umsetzungsorientiertes Wissen. Leser erhalten mit den Quick Guides verlässliche Fachinformationen, um mitreden, fundiert entscheiden und direkt handeln zu können.

Hubertus Boehm

Quick Guide Franchising

Wie Sie mit der Partnership for Profit ein solides Business aufbauen

Hubertus Boehm
München, Deutschland

ISSN 2662-9240 ISSN 2662-9259 (electronic)
Quick Guide
ISBN 978-3-658-39130-0 ISBN 978-3-658-39131-7 (eBook)
https://doi.org/10.1007/978-3-658-39131-7

Die Deutsche Nationalbibliothek verzeichnet diese Publikation in der Deutschen Nationalbibliografie; detaillierte bibliografische Daten sind im Internet über http://dnb.d-nb.de abrufbar.

Springer Gabler
© Der/die Herausgeber bzw. der/die Autor(en), exklusiv lizenziert an Springer Fachmedien Wiesbaden GmbH, ein Teil von Springer Nature 2022
Das Werk einschließlich aller seiner Teile ist urheberrechtlich geschützt. Jede Verwertung, die nicht ausdrücklich vom Urheberrechtsgesetz zugelassen ist, bedarf der vorherigen Zustimmung des Verlags. Das gilt insbesondere für Vervielfältigungen, Bearbeitungen, Übersetzungen, Mikroverfilmungen und die Einspeicherung und Verarbeitung in elektronischen Systemen.
Die Wiedergabe von allgemein beschreibenden Bezeichnungen, Marken, Unternehmensnamen etc. in diesem Werk bedeutet nicht, dass diese frei durch jedermann benutzt werden dürfen. Die Berechtigung zur Benutzung unterliegt, auch ohne gesonderten Hinweis hierzu, den Regeln des Markenrechts. Die Rechte des jeweiligen Zeicheninhabers sind zu beachten.
Der Verlag, die Autoren und die Herausgeber gehen davon aus, dass die Angaben und Informationen in diesem Werk zum Zeitpunkt der Veröffentlichung vollständig und korrekt sind. Weder der Verlag, noch die Autoren oder die Herausgeber übernehmen, ausdrücklich oder implizit, Gewähr für den Inhalt des Werkes, etwaige Fehler oder Äußerungen. Der Verlag bleibt im Hinblick auf geografische Zuordnungen und Gebietsbezeichnungen in veröffentlichten Karten und Institutionsadressen neutral.

Planung/Lektorat: Manuela Eckstein
Springer Gabler ist ein Imprint der eingetragenen Gesellschaft Springer Fachmedien Wiesbaden GmbH und ist ein Teil von Springer Nature.
Die Anschrift der Gesellschaft ist: Abraham-Lincoln-Str. 46, 65189 Wiesbaden, Germany

Vorwort

Lieber Leser, Sie denken an Franchising. Sie spüren, dass dies eine komplexe Materie ist – eine Vertriebsform mit vielen Facetten. Denn jedes Franchisesystem ist ein Unikat. Der vorliegende Quick Guide soll dazu beitragen, das Thema zu strukturieren und den *Nebel zu lichten*. Dabei geht es insbesondere um das Verständnis für:

- das Wesen des Franchisings
- rechtliche Rahmenbedingungen
- Franchising als strategische Option
- das Leistungspaket des Franchisegebers
- die Profile potenzieller Franchisenehmer
- das Wirkungsgeflecht der synergetischen Partnerschaft
- die Systemzentrale als *Steuermann* im Netzwerk der Partner
- die Erlöspotenziale der Franchisegeber
- die Variationsbreite der Systemgestaltung
- typische Beispiele für Franchisestrategien in der Praxis

Wenn Sie Ihre Franchisegedanken in dieser Form strukturieren, werden Sie erkennen, ob Sie in diese anspruchsvolle Materie tiefer *einsteigen* wollen und ob Franchising Ihnen attraktive und zukunftsweisende Perspektiven bietet.

Selbstverständlich können Franchisegeber und Franchisenehmer sowohl männlich als auch weiblich sein. Damit Sie den Text leichter lesen können, beschränkt er sich auf die männliche Variante.

München, Deutschland Hubertus Boehm

Dank

Rund 50 Jahre sind vergangen, seitdem ich Professor Dr. Manfred Maus zum ersten Mal begegnete: in Zürich, während des ersten Franchisekongresses im deutschsprachigen Raum. Kurz darauf begann ich mit einer Untersuchung über Franchising in Deutschland. Über diesen damals gerade erst aufblühenden Wirtschaftszweig gab es kaum Informationen. In meinen Recherchen stieß ich auch auf OBI. Initiator war Manfred Maus. Er erläuterte mir die Geschichte und die Erfolgsmechanismen des Konzepts. Beides faszinierte mich gleichermaßen: der Mensch und die Strategie. Diese Bewunderung ist bis heute geblieben, hat mich selbst inspiriert und dafür bin ich dankbar.

Das Lebenswerk von Manfred Maus ist in Abschn. 8.2 beschrieben. Die Art und Weise, mit der er die Philosophie des Franchisings in der Praxis umsetzte, ist beeindruckend – es ist Franchising in Reinkultur. Vor allem gilt dies für sein Verständnis von Partnerschaft auf *Augenhöhe*. Manfred Maus ist eine charismatische Persönlichkeit. Er ist offen, glaubwürdig und berechenbar. Man spürt seine unerschütterliche Überzeugung davon, dass die Kräfte des unternehmerischen Engagements nur wirken können, wenn die Partner mit Respekt behandelt werden sowie Geben und Nehmen von beiden Seiten als fair empfunden werden. Er hat diesen Balanceakt 50 Jahre lang aufrechterhalten. Das ist eine große Kunst.

Natürlich gibt es im Franchising, wie in jeder Partnerschaft, die unvermeidbaren Konflikte. Aber es kommt darauf an, wie man damit umgeht. Manfred Maus hat immer wieder darauf hingewiesen, dass jeder Franchisegeber rechtzeitig und konstruktiv Konflikte angehen müsse. Die Fähigkeit zur Konfliktlösung ohne *Kollateralschaden* ist für ihn ein wesentliches Merkmal eines erfolgreichen Franchisemanagers. Mit „Konfliktfähigkeit" meint er das sensible Aufspüren von Konfliktpotenzialen. Nach seiner Erfahrung muss man sie *riechen*, um sie in einem frühen Stadium zu lösen – ohne Frust und bitteren *Nachgeschmack*.

Das Lebenswerk von Manfred Maus ist aber nicht nur OBI. Er hat als Vorbild wesentlichen Anteil an der Entwicklung der deutschen Franchisewirtschaft. Wir beide waren 1978 Gründungsmitglieder des Deutschen Franchiseverbands. Jahrelang hat er den Verband als Präsident geführt und wesentlich dazu beigetragen, das Bild des Franchisings in Politik, Wirtschaft und Gesellschaft zu prägen sowie immer wieder Impulse gesetzt. Wann immer wir uns in den letzten 50 Jahren trafen, war es für mich eine inspirierende Begegnung.

Inhaltsverzeichnis

1	**Die Partnerschaft – Was Franchising ist**	1
1.1	Charakter	1
1.2	Franchisegeber	6
1.3	Franchisenehmer	8
1.4	Gesetzlicher Rahmen	12
1.5	Franchisevertrag	16
1.6	Vision	20
	Literatur	21
2	**Die Strategie – Wie der Franchisegeber vorgeht**	23
2.1	Wettbewerbsvorsprung	23
2.2	Umweg „Partnermarkt"	28
2.3	Vertikale Arbeitsteilung	31
2.4	Langfristige Ausrichtung	33
3	***Das Franchisepaket* – Was der Franchisegeber *verkauft***	35
3.1	Bewährtes Geschäftsmodell	35
3.2	Ruf der Marke	37
3.3	Know-how	39
3.4	Serviceteam	42

4 Die Effekte – Wie Wettbewerbskraft entsteht ... 45
4.1 Wirkungsnetz ... 45
4.2 Engagement ... 48
4.3 „Verpackung" ... 50
4.4 Effizienz ... 52
4.5 Sicherheit ... 53
4.6 Expansion ... 54
4.7 Bindung ... 56
Literatur ... 59

5 Der Systemkopf – Welche Aufgabe die Zentrale hat ... 61
5.1 Mission ... 61
5.2 Marketing ... 65
5.3 Netzaufbau ... 66
5.4 Versorgung ... 71
5.5 Schulung ... 72
5.6 Partnerbetreuung ... 73
5.7 Qualitätssicherung ... 75
5.8 Erfolgsmonitoring ... 77
5.9 Kooperative Führung ... 80
Literatur ... 83

6 Die Erlösquellen – Wovon der Franchisegeber „lebt" ... 85
6.1 Erlösstruktur ... 85
6.2 Eintrittsgebühr ... 87
6.3 Laufende Franchisegebühr ... 88
6.4 Poolbeiträge ... 88
6.5 Bündelungsboni ... 89
6.6 Zuwachs immaterieller Werte ... 90
Literatur ... 91

7 Das Franchisedesign – In welchen Formen Franchising auftritt 93
7.1 Einstufig oder mehrstufig 93
7.2 Hart oder weich 95
7.3 Gründend oder konvertierend 97
7.4 Klassisch oder hybrid 98
7.5 Rein oder gemischt 99
7.6 Kommerziell oder sozial 101

8 Die Franchisewirtschaft – Was typisch ist in der Franchisepraxis 105
8.1 Quasi-eigene Vertriebskanäle der Industrie 105
8.2 Neue Rolle für den Großhandel 109
8.3 Der logische Weg für Filialisten 110
8.4 Dienstleistung als Markenartikel 112
8.5 Zukunftssicherung für Verbundgruppen 114
8.6 Lukrative Nischen im Handwerk 116
8.7 Multiplikation sozialer Dienste 118

Nachwort 121

Über den Autor

Dr. Hubertus Boehm gehört zu den Pionieren des Franchiseconsultings im deutschsprachigen Raum und entwickelt seit über 40 Jahren Franchisesysteme. Seine erste berufliche Station nach dem Studium des Wirtschaftsingenieurwesens und der Promotion waren zehn Jahre Projekttätigkeit bei Infratest-Industria, einem auf Investitionsgütermarketing spezialisierten Beratungsunternehmen. Als Geschäftsführer führte er dort auf eigene Initiative die erste Untersuchung über Franchisesysteme in Deutschland durch – der Einstieg in die Franchisewelt.

Franchisedesign wurde zum Kern seines Berufslebens – jahrzehntelang im engen Dialog mit Dr. Walter Skaupy, dem „Vater des Franchisings" im deutschsprachigen Raum. Hubertus Boehm gehörte zu den Gründern der Franchiseverbände in Deutschland und Österreich. In München gründete er 1980 die SYNCON GmbH, rund zehn Jahre später gemeinsam mit

Partnern vor Ort SYNCON-Gesellschaften in Österreich und in der Schweiz.

Ein weiterer Meilenstein war der Aufbau des Deutschen Franchise-Instituts gemeinsam dem Deutschen Franchiseverband (DFV) und der Nürnberger Akademie für Absatzwirtschaft. Dort war Hubertus Boehm 30 Jahre als Referent tätig. Während der Wende unternahm er im Auftrag des DFV als Franchise-„Missionar" Vortragsreisen in die damals noch bestehende DDR sowie osteuropäische Nachbarländer. Als einer der Pioniere des Franchiseconsultings ernannte ihn der DFV zum Ehrenmitglied.

Sein Buch „Praxiswissen Franchising" ist ebenfalls bei Springer Gabler erschienen.

Kontakt:
hubertus.boehm@franchisedesign.de

1

Die Partnerschaft – Was Franchising ist

> **Was Sie aus diesem Kapitel mitnehmen**
> - Sie lernen das Charakteristische am Wesen der Kooperation kennen.
> - Sie erfahren, wer die typischen Franchisegeber und Franchisenehmer sind.
> - Sie lesen, auf welcher Grundlage ein Franchisesystem entstehen kann.
> - Sie erfahren, welche rechtlichen Rahmenbedingungen es gibt.
> - Sie sehen, welche Perspektiven Franchising in absehbarer Zukunft hat.

1.1 Charakter

Franchising ist eine komplexe Materie – vielschichtig in jeweils unterschiedlichen Ausprägungen. Erste Formen des Franchisings entstanden mit der Industrialisierung, also vor etwa 120 Jahren. Es war eine Zeit der enormen Zunahme von Wissen und dessen Verbreitung. Letztlich ist Franchising genau das. Davon abgesehen fiel die industrielle Revolution zeitlich zusammen mit überregionalen Aktivitäten aufgrund zunehmender Mobilität. Auch das Aufkommen von Medien förderte die

Nachfrage. Begünstigt wurde das Aufkommen von Franchisesystemen darüber hinaus mit dem Entstehen von Schutzrechten für geistiges Eigentum. Sie sind wesentlicher Bestandteil einer Franchise (vgl. Abschn. 1.4). Die Entwicklung des Franchisings ging von den USA aus. Hier sorgten die Dimensionen eines großen freien Marktes für Dynamik. Zu den Pionieren gehören Ford, Singer, Coca-Cola und FedEx. Das Beispiel des Autopioniers Henry Ford zeigt, in welcher Weise sich Franchising als logische Konsequenz aus technischem Fortschritt, zunehmender Mobilität und wachsendem Wohlstand entwickelte. In Deutschland begann die kleinteilig strukturierte Marktdurchdringung über Franchising Anfang der 1970er-Jahre. Als diese Vertriebsform 1971 erstmals untersucht wurde, gab es in der Bundesrepublik weniger als 70 Franchisesysteme (Boehm 1971), gegenwärtig sind es rund 1000.

Franchising – was ist das? Es ist eine umfassende, exklusive und arbeitsteilige Kooperation zwischen einem Unternehmer als Franchisegeber und mehreren Franchisenehmern. Gemeinsames Ziel ist größerer wirtschaftlicher Erfolg für jeden Partner. Die Zusammenarbeit ist intensiv und langfristig ausgerichtet, eine *Ehe* zum gemeinsamen Verkauf von Produkten, Warensortimenten und Dienstleistungen. „Partnership for Profit" sagt man in USA.

Aber was prägt den Charakter dieser Kooperationsform? Auf den ersten Blick haben Franchisesysteme große Ähnlichkeit mit Filialsystemen. Beiden bilden marktweite Netzwerke, verteilen die Aufgaben arbeitsteilig zwischen der *Verkaufsfront* und einer Zentrale, treten im Markt als Einheit auf. Der entscheidende Unterschied liegt dort, wo das Marktangebot auf die Nachfrage trifft. Bei Filialisten agiert hier ein angestellter Filialleiter, im Franchisesystem ein selbstständiger Unternehmer. Er hat viel investiert und sich ausschließlich dieser Aufgabe verschrieben. Auf seinem Engagement basiert die Stärke des Franchisings.

Als Initiator hat der Franchisegeber zunächst ein oft unkonventionelles Geschäftsmodell entwickelt und unter einer geschützten Marke in Pilotbetrieben erfolgreich im Markt eingeführt. Danach wendet er sich an einen zweiten Markt – den Partnermarkt. Zielgruppe sind die potenziellen Franchisenehmer mit dem zuvor definierten Profil.

Der Franchisenehmer ist Existenzgründer, bereits tätiger Unternehmer oder Investor ohne Erfahrung im jeweiligen Geschäftsfeld. Mit dem

Franchisevertrag erwirbt er für einen begrenzten Zeitraum das Recht, das bewährte Geschäftsmodell unter der Marke des Franchisegebers und mit dessen umfassender Unterstützung umzusetzen. Das erforderliche Wissen vermittelt der Franchisegeber. In der Umsetzung seines Geschäftsmodells hat der Franchisegeber die Richtlinienkompetenz. Zur bedarfsgerechten Steuerung der Aktivitäten führt er Qualitäts- und Erfolgskontrollen durch.

Durch die gemeinsame Marke bilden Franchisegeber und Franchisenehmer eine wirtschaftliche Schicksalsgemeinschaft. Aufgrund des immateriellen Werts seiner Marke trägt der Franchisegeber aus Eigeninteresse (ohne vertragliche Verpflichtung) Mitverantwortung für den Erfolg des Franchisenehmers. Davon abgesehen schafft die gemeinsam genutzte Marke ein Zusammengehörigkeitsgefühl der Partner. *Familiengefühl* und Mannschaftsgeist sind wesentliche Erfolgsfaktoren im Franchising.

Die offizielle Definition des Deutschen Franchiseverbands lautet:

„Franchising ist ein auf Partnerschaft basierendes Vertriebssystem, bei dem Neuunternehmer ein etabliertes Geschäftskonzept gegen Gebühr nutzen dürfen. Der Begriff Franchise beschreibt ein kooperatives Vertriebssystem zwischen einem bestehenden Unternehmen -dem Franchisegeber – und einem oder mehreren Unternehmensgründern – den Franchisenehmern. Der Franchisegeber räumt seinen Kooperationspartnern auf der Grundlage eines Franchisevertrags das Recht ein, sein entwickeltes Geschäftskonzept nutzen zu dürfen. Den Zeitraum, in dem das Franchisesystem zwischen den Partnern betrieben wird, legt der Franchisegeber fest. Der Franchisenehmer darf für diese Dauer den Namen, das Design und die Geschäftsidee verwenden, um Waren zu verkaufen oder Dienstleistungen zu vertreiben. Die Geschäftsidee ist dabei immer bereits vom Franchisegeber erfolgreich getestet und weiterentwickelt worden. So übernimmt der Franchisenehmer bei Existenzgründung ein schon funktionierendes Geschäftsmodell. Als Gegenleistung muss der Franchisenehmer dafür Gebühren – sogenannte Eintritts- oder Franchisegebühren – an den Franchisegeber zahlen, um die Lizenzen und Nutzungsrechte zu kaufen. In vielen Fällen führt der Franchisenehmer zusätzlich einen Teil der erwirtschafteten Gewinne an den Urheber der Geschäftsidee ab." (Deutscher Franchiseverband 2022)

Wenn Sie, liebe Leser, den Charakter des Franchisings umfassend erkennen wollen, hilft der folgende Merkmalskatalog:

Letztlich geht es um Unternehmertum im Kleinen – gefördert und gelenkt. Als Mitglied einer Mannschaft mit

---

Merkmalskatalog Franchising

- **Struktur**
    - Vertikale Kooperation
    - Vertriebsstellen mit Marktverantwortung
    - Systematische Potenzialausschöpfung
    - Zentrale Koordination durch die Systemzentrale
    - Kompetenzorientierte Arbeitsteilung
    - Straffe kooperative Führung

- **Status**
    - Franchisegeber als Unternehmer
    - Franchisenehmer als Unternehmer

- **Leistungsbeitrag des Franchisegebers**
    - Nutzungsrechte: Marke, umfassendes Know-how, Betriebsaufbau schlüsselfertig, Betriebswirtschaftliche Betreuung, Schulung/Training, Qualitätskontrolle, Erfolgsmonitoring
    - Investitionen in Entwicklung des Geschäftsmodells, Entwicklung des Franchisepakets, „Durststrecke" der Pilotbetriebe, „Durststrecke" der Systemzentrale, Aufbau der Marke, Rekrutierung/Selektion der Partner

- **Marktauftritt**
    - Gleichgerichtete Markterschließungsstrategie
    - Einheitlicher Markenauftritt (CD)
    - geschützte Marke
    - Gemeinsame Website
    - Systemkonformes Verhalten

- **Leistungsbeitrag des Franchisenehmers**
    - Engagement für das Geschäftsmodell
    - Eigener Arbeitseinsatz

- Systemkonformes Verhalten
- Mitarbeiter
- Liefern von Information über Markt, Betrieb, Erfahrungen
- Investition in Betriebsaufbau, Personal, lokales Marketing, „Durststrecke" des Betriebs
- Zahlung von Franchisegebühren

- attraktivem Programm,
- gestärkt durch Wissen,
- umhüllt von einer „Werbewolke",
- unterstützt in erfolgsentscheidenden Funktionen,
- mit effizienten Prozessen,
- entlastet von Nebenfunktionen und
- konzentriert auf den Kunden

… ist der Franchisenehmer gut gerüstet für harten Wettbewerb.

Die Vielzahl der erfolgswirksamen Merkmale vermittelt Ihnen ein Gefühl dafür, aus welchen *Mosaiksteinen* sich Franchiseerfolge zusammensetzen. Allerdings muss auch darauf hingewiesen werden, was Franchising nicht ist:

- Schlüssel zu schnellem Geld
- Zauberformel gegen Vertriebsschwäche
- Sanierungslösung für kapitalschwache Unternehmen
- Vertriebskanal ohne Investitionen und Risiken
- Erfolgsgarantie bei unterschriebenem Vertrag

Dabei wird deutlich: Es geht um das Multiplizieren von Stärken im Rahmen einer langfristig ausgerichteten Unternehmensstrategie, verbunden mit beträchtlichen Investitionen und der Bereitschaft zur Kooperation *auf Augenhöhe* mit selbstständigen Unternehmern über lange Zeit.

1.2 Franchisegeber

Franchisegeber kommen aus unterschiedlichen Segmenten der Wirtschaft. Sie können strukturiert werden nach Wirtschaftsstufe, Marktangebot oder Unternehmensgröße.

Wirtschaftsstufe
In der vertikalen Struktur des Franchisings (vgl. Abschn. 1.1) geht die Initiative und Führung eines Franchisesystems in der klassischen Wertschöpfungskette von einer höheren Stufe aus. Dadurch ergeben sich grundsätzlich folgende Konstellationen:

• Hersteller/Importeur	→	Einzelhandel/Handwerk
• Großhändler	→	Einzelhandel/Handwerk
• Verbundgruppen	→	Einzelhandel

Dies schließt allerdings nicht aus, dass Franchisesysteme auch von einem Unternehmer aus einer unteren Stufe gegründet werden können, beispielsweise von Einzelhändlern, Dienstleistern, Handwerkern oder auch sozialen Institutionen. Die Systemzentrale hat funktional dann den Charakter eines „Großhändlers" für immaterielle Leistungen, also einer höheren Stufe.

Marktangebot
Abgesehen von der Position in der Wertschöpfungskette gibt es strategische Unterschiede (vgl. Abb. 1.1). Diese Sichtweise bezieht sich auf den Gehalt des Franchisepakets (vgl. Abschn. 3.1):

- geschützte industrielle Produkte
- attraktives Sortiment an Handelswaren
- innovative Ideen und Erfahrungen
- horizontale Arbeitsteilung im Pool zu überregionalen Marktabdeckung

Die Know-how-Variante bezieht sich auf das wachsende Segment des Dienstleistungsfranchisings. Der Pool greift vor allem dann, wenn zur

1 Die Partnerschaft – Was Franchising ist 7

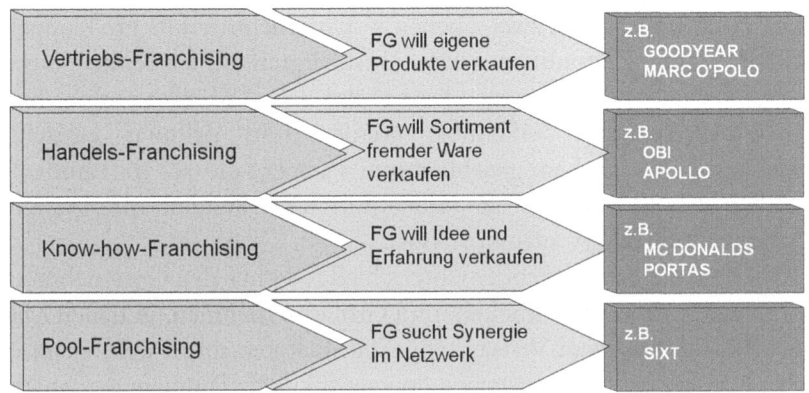

Abb. 1.1 Ziele der Franchisegeber

Umsetzung des Konzepts von Anfang an ein flächendeckendes Netz erforderlich ist. Typisches Beispiel ist die Logistik oder die Autovermietung (Einwegmiete).

Unternehmensgröße
Ein weiteres Unterscheidungsmerkmal ist die Unternehmensgröße des Franchisegebers. Typische Franchisenehmer sind Einzelunternehmer, mittelgroße Familienunternehmen oder Konzerne.

Zahlreiche namhafte Franchisesysteme wurden von Einzelunternehmern gegründet. Soweit es nicht Filialisten mit etablierter Organisation sind, ist der Aufbau eines Netzwerks bis zur Gewinnschwelle einer leistungsfähigen Systemzentrale allerdings oft eine kaum überwindbare Herausforderung.

Günstige Voraussetzungen haben neben Filialisten mittelgroße Familienunternehmen. Sie haben in der Regel einerseits die für eine aufwändige Systementwicklung ausreichende Kapitalbasis, andererseits sind sie besonders kompatibel mit selbstständigen Kleinunternehmen.

Es gibt Konstellationen, bei denen alles zueinander passt wie die Zähne von Zahnrädern. Dies gilt für Familienunternehmen und Franchisesysteme. Beide sind gleichermaßen langfristig orientiert, personenbezogen, motivationsgetragen und wertegeprägt. Letztlich bedeutet Franchising einen Inhabereffekt auf zwei Ebenen – Unternehmertum im Doppelpack. In langen Zeiträumen generationsübergreifend zu denken – das ist das verbindende Element. Es ist also kein Wunder, wenn hier Win-Win-Perspektiven erkennbar werden und Affinität entsteht. Franchisenehmer suchen gleichgesinnte Partner, die sie in Familienbetrieben eher als in Konzernen finden. Ein in der Systemzentrale tätiger Inhaber hat einen Vertrauensvorschuss.

Es besteht ein grundlegender Unterschied zwischen den Unternehmen, die mit eigenem Kapital arbeiten, und Großunternehmen, in denen Manager mit kurzfristigem Vertrag tätig sind. Ersteren tut es weh, wenn es nicht läuft. Die anderen versuchen, in jeweils kurzen Perioden den Shareholder Value zu steigern. Dies hat Auswirkungen auf die Bereitschaft und Fähigkeit, eine langfristig ausgerichtete Franchisepartnerschaft einzugehen.

Gegenwärtig nutzen daher erst relativ wenige Konzerne Franchising. Aber die Urväter des Franchisings (vgl. Abschn. 1.1) waren Großunternehmen. Anspruchsvolle industrielle Produkte erfordern Vertriebspartner, die ähnlich kompetent sind wie der Hersteller. Für Verkauf, Wartung und Reparatur braucht man detaillierte Vorgaben, Standards, Kontrollen und eine durchgängige Know-how-Pipeline – Wesensmerkmale des Franchisings. Ein typisches Feld ist der Kraftfahrzeughandel. Auch wenn die Fahrzeughersteller sich formal nicht als Franchisegeber deklarieren, betreiben sie letztlich Franchising zumindest in einer Variante (vgl. Abschn. 7.2). Formal sind die Vertriebspartner gewöhnlich Vertragshändler, funktional aber de facto Franchisenehmer.

Als Einstieg in den lukrativen Dienstleistungsbereich kommt es zunehmend vor, dass Konzerne mittelständische Franchiseketten übernehmen, deren Gründer ohne Nachfolger ausscheiden.

1.3 Franchisenehmer

Franchising tritt in vielfältigen Erscheinungsformen auf (vgl. Kap. 7). Genauso unterschiedlich sind die Franchisenehmer, ihr Hintergrund, ihre Ziele, ihre Denk- und Verhaltensweisen.

Hinsichtlich der Ziele der Franchisenehmer sind grundsätzlich vier Anlässe für eine Franchisepartnerschaft zu unterscheiden:

- gründen
- übernehmen
- konvertieren
- diversifizieren

Der Existenzgründer sucht einen *Steigbügel* für den Einstieg ins Unternehmertum und persönliche Entfaltung. Der bisherige Filialleiter übernimmt das Geschäft, will sein eigener Herr sein und sucht Wachstumsperspektiven. Der Unternehmer mit stagnierendem Geschäft schließt sich einer Franchisekette an, um seinen Betrieb zukunftssicher auszurichten. Und der etablierte Unternehmer mit begrenzten Wachstumschancen sucht ein *zweites Bein* in einer anderen Branche.

Abgesehen von diesen unterschiedlichen strategischen Ausgangspositionen gibt es hinsichtlich der Persönlichkeit und Stellung des Franchisenehmers vielfältige Konstellationen (s. Tab. 1.1).

Beim klassischen Franchising (also abgesehen von Masterfranchising, Investitionsfranchising und den Verbundgruppen) schließt ein oft branchenfremder Franchisenehmer den Franchisevertrag in der Regel nur einmal im Leben ab. Er setzt sein Vermögen ein und verschuldet sich durch Aufnahme von Fremdkapital. Insbesondere der Existenzgründer weiß, dass er nur diese eine Chance hat. Scheitert er, ist er für den Rest seines Lebens ruiniert. Vor diesem Hintergrund ist er einerseits hochmotiviert und konzeptionstreu, andererseits reagiert er aber besonders sensibel auf tatsächliche oder vermeintliche Fehler der Systemzentrale. Die Kooperation ist emotional hoch „aufgeladen", erfordert eine besonders sensible und zugleich motivierende Führung (vgl. Abschn. 5.9).

Wer auch immer Franchisenehmer ist: Letztlich ist es ein Individuum mit jeweils besonderer Persönlichkeit. Sein Profil entscheidet über den Erfolg der Partnerschaft. Den Idealtyp kann man sich vorstellen, finden wird man ihn nicht. Doch zumindest ansatzweise sollten Eigenschaften gegeben sein, die erfahrungsgemäß eine langfristige Franchisepartnerschaft begünstigen, wie: begeisterungsfähig, wagemutig, einsatzbereit, belastbar, neugierig, initiativ, selbstständig, entscheidungsfreudig, team-

Tab. 1.1 *Arten von Franchisenehmern*

Der typische Existenzgründer ist …	Aber es gibt auch …
ein **Existenzgründer**. Er ist meistens jünger, progressiv ausgerichtet und sucht primär persönliche Entfaltung, Wachstumschancen, Wettbewerbsvorteile, „Know-how" und einen „Steigbügelhalter".	den **Existenzsicherer**. Er ist meistens älter, regressiv ausgerichtet und sucht primär Risikominderung, Einkaufsvorteile, ein „Naturschutzgebiet" und Geborgenheit.
eine **Vollexistenz**. Sie wird hochmotiviert, aktiv und konzeptionsgerecht geführt.	**Shop-in-Shop-Franchising**. Der Shop hat gewöhnlich nur einen geringen Stellenwert, oft keinen „Kümmerer" und wird mit wenig Engagement weitgehend passiv betrieben.
ein **Papa-Mama-Betrieb**. Der Unternehmer ist vor Ort, hat flexible Kapazität und eine transparente Organisation.	**Großbetriebe** im Franchising. Sie haben angestelltes Management, ausgeprägte Hierarchie, Reibungsverluste und Motivationsprobleme.
persönlich im Betrieb tätig, mit hoher Identität, großem Engagement und starkem Leistungsdruck.	**Investitionsfranchisen**. Sie dienen zum Einstieg in fremde Branchen, werden von Angestellten renditeorientiert geführt.
nur Vertragspartner des Franchisegebers in vertikaler Kooperation. Er ist nur durch den Franchisevertrag gebunden, gelegentlich außerdem durch Mietvertrag.	Franchisegeber, die den **Franchisenehmern gehören**. Sie sind Genossen oder Gesellschafter der Trägergesellschaft. Das System ist sowohl vertikal als auch horizontal strukturiert, oft mit geringer Durchsetzungskraft – der typische Fall bei Verbundgruppen.
direkter Vertragspartner des Franchisegebers. Der Franchisegeber sucht seine Partner persönlich aus, kann auf sie unmittelbar einwirken, hat volle Transparenz und uneingeschränkte Systemhoheit.	**indirektes Franchising**. Es wird als „Master Franchising" gewöhnlich in Märkten mit fremder Kultur und Sprache eingesetzt. Der Franchisegeber verkauft Know-how, Tools und teilweise Produkte einem jeweils nationalen „Master", der das Konzept an die nationalen Gegebenheiten anpasst, das Netz aufbaut und die Partner betreut (vgl. Abschn. 7.1).

fähig, kommunikativ, konfliktfähig. Auch ein gewisser Ehrgeiz ist natürlich im Spiel. Er sollte aber in Grenzen bleiben, damit der Franchisenehmer auf Dauer seine Rolle im Team akzeptiert. In einer langfristigen Partnerschaft mit vielen Beteiligten sind allerdings Konflikte unvermeidbar. Daher ist der Umgang mit Konflikten auch beim Franchisenehmer ein wesentlicher Aspekt (vgl. Abschn. 5.9).

Die Menschen vor Ort sind neben Know-how und dem Ruf der Marke das Kapital eines Franchisesystems. Franchisenehmer sind hochmotiviert mit langfristigen Zielen. Gewöhnlich ist ihr Betrieb ein Familienunternehmen, in dem auch der Ehepartner und manchmal weitere Familienangehörige integriert sind. Sie wollen etwas aufbauen, suchen soziale Anerkennung und persönliche Perspektiven ohne Intrigen und Reibungsverluste. Oft wollen sie später den Betrieb an die nächste Generation weitergeben.

Typisch für Franchising sind Quereinsteiger – Gründer ohne fachliche Vorkenntnisse. Ihnen bietet Franchising die Chance, mit relativ geringem Risiko in eine fremde Materie einzusteigen. Soweit standesrechtliche Barrieren bestehen (z. B. Handwerk), können Sie durch angestellte Fachleute behoben werden. So überwindet Franchising die durch fehlende oder branchenfremde Ausbildung entstandenen Grenzen in der Arbeitswelt. Ausschlaggebend ist allein der Wille zu lernen, engagiert zu arbeiten und etwas aufzubauen. Damit ist Franchising eine Facette der Leistungsgesellschaft.

Quereinsteiger sind den USA allgemein üblich. Teilweise werden sie sogar vorgezogen, weil sie das Konzept mangels anderer Kenntnisse lupenrein umsetzen. In Deutschland gehören zu den Quereinsteigern insbesondere Zeitsoldaten und Spitzensportler. Beide Gruppen beenden ihre berufliche Tätigkeit in relativ jungen Jahren und suchen dann eine neue Aufgabe. Erfolgreiche Sportler haben bis dahin gewöhnlich ein beträchtliches Startkapital angesammelt. Bekannte Namen sind Max Schmeling und Henry Maske – beide Boxweltmeister. Der Eine wurde in den 1950er-Jahren Franchisenehmer von Coca-Cola. Der Andere kaufte sich nach dem Ende seiner Karriere als Franchisenehmer bei McDonald's ein.

1.4 Gesetzlicher Rahmen

Ein Franchisegesetz gibt es in Deutschland nicht. Soweit in anderen Ländern wie USA, Großbritannien, Frankreich, Italien, Spanien, Belgien und Schweden Franchisegesetze bestehen, beziehen sie sich vor allem auf den Schutz der Franchisenehmer. Den gesetzlichen Rahmen bildet somit die Rechtsprechung. In der Vergangenheit wurden durch höchstrichterliche Entscheidungen beispielsweise bereits Fragen des Freiheitsraums des Franchisenehmers oder der Weitergabe von Rückvergütungen dritter Lieferanten geklärt. Mit weiteren maßgeblichen Urteilen ist in Zukunft zu rechnen.

Abgesehen davon gelten für jeden Franchisegeber und Franchisenehmer die allgemeinen Regeln des Wettbewerbs-, Handels-, Arbeits-, Sozial-, Schuld-, Marken-, Urheber- und Verbraucherschutzrechts. Geprägt wird der gesetzliche Freiraum des Franchisings vor allem vom Gesetz gegen Wettbewerbsbeschränkungen (UWG), auch „Kartellgesetz" genannt.

Relevant ist das UWG vor allem für:

- selektiven Vertrieb (Auswahl von Abnehmern)
- Bezugsbindung (Verpflichtung zum exklusiven Bezug bestimmter Waren)
- Gebietsrechte (aktives Marketing in fremden Gebieten)
- Preisbildung (Preisvorgaben)
- Aktivitäten des Franchisenehmers in elektronischen Medien

Das Kartellrecht hat für die Franchisewirtschaft grundlegende Bedeutung. Jedes Franchisesystem beruht auf Absprachen (vgl. Abschn. 1.5), die Dritte ausschließen und somit grundsätzlich den Wettbewerb beschränken. Dies ist generell unzulässig. Allerdings kann sich ein angehender Franchisegeber bei ausreichender Begründung auf Antrag von dem Kartellverbot befreien lassen.

Als Gegengewicht gegen die fortschreitende Konzentration wirtschaftlicher Macht bei Konzernen begünstigt die Politik mittelständische

Unternehmen. Die EU-Kommission hat daher als unmittelbares in allen EU-Ländern gültiges Recht eine Gruppenfreistellungsverordnung (GVO) für vertikale Vertriebssystem erlassen, die „Vertikal-GVO". Sie stellt alle Unternehmen vom Kartellverbot frei, die bestimmte Voraussetzungen erfüllen. Dabei geht es insbesondere um das Know-how als Wettbewerbsvorteil (vgl. Abschn. 3.3).

Als „Know-how" wird die Gesamtheit der aus Erfahrungen gewonnenen, aber nicht patentierten Kenntnisse verstanden, soweit sie

- *geheim,*
- *wesentlich* und
- *identifiziert* sind.

„Geheim" bedeutet, dass das Know-how nicht allgemein bekannt und leicht zugänglich ist. Unter *„wesentlich"* ist zu verstehen, dass die dem Franchisenehmer vermittelten Kenntnisse für seinen Geschäftsbetrieb nützlich sind, seine Leistungsfähigkeit steigern und seine Stellung im Wettbewerb stärken. Und mit *„identifiziert"* meint der Gesetzgeber eine ausführliche Know-how-Dokumentation im Franchisehandbuch und den Richtlinien. Die dort enthaltenen Beschreibungen sollen es dem Franchisenehmer vor Vertragsabschluss ermöglichen, den Gehalt des Franchisepakets (vgl. Kap. 3 im Hinblick auf Geheimnisse und Wesentlichkeit zu überprüfen. Während der Partnerschaft dient die ständig aktualisierte Dokumentation dazu, das Know-how konzeptionsgerecht in der Praxis umzusetzen.

Dem Schutz des Franchisenehmers als wirtschaftlich Schwächerer dienen die im BGB enthaltenen Grundsätze für die vorvertragliche Aufklärung. In Anbetracht der komplexen Materie und langfristigen Auswirkungen haben sie beim Abschluss eines Franchisevertrags ein besonderes Gewicht. Der Deutsche Franchiseverband hat in seinem Verständnis als Qualitätsgemeinschaft der deutschen Franchisewirtschaft Standards definiert, die dem Schutzbedürfnis der Franchisenehmer Rechnung tragen. Dazu gehört neben einem Ethikkodex eine Richtlinie für vorvertragliche Aufklärung.

Zum Katalog der vor Vertragsunterzeichnung zu übermittelnden Informationen gehören beispielsweise:

- Art, Umfang und Struktur des Know-hows
- Erprobung in Pilotbetrieben
- Vorhandene Schutzrechte
- Netzgröße (Filialen und Franchisebetriebe)
- Kapazität der Systemzentrale
- Inhalt des Franchisepakets
- Intensität der Schulung, Training, Betreuung
- Erforderlicher Kapital- und Arbeitseinsatz
- Tatsächlich realisierte Gewinne (testiert)
- Adressliste der vorhandenen Partner
- Anzahl ausgeschiedener Partner
- Gerichtsverfahren mit Partnern

Ein wichtiger Bestandteil sind von einem Steuerberater testierte betriebswirtschaftliche Daten vergleichbarer Standorte, mit denen der Franchisebewerber seinen Businessplan selbst und eigenverantwortlich erstellen, seine Gewinnperspektiven errechnen sowie sein Risiko abschätzen kann. Für Existenzgründer ist dies die erste unternehmerische Herausforderung.

Die vorvertragliche Aufklärung hat in der Praxis des Franchiserechts einen hohen Stellenwert. Sie muss deshalb von jedem Franchisegeber eingehend und zutreffend gehandhabt werden. Falls ein Franchisenehmer glaubhaft darlegen kann, dass er bei voller Kenntnis der relevanten Umstände den Vertrag nicht abgeschlossen hätte, besitzt er einen Schadensersatzanspruch. Es ist sogar denkbar, dass ein Gericht das Franchiseverhältnis aufhebt und den Franchisegeber zur Rückabwicklung verpflichtet – mit entsprechenden Auswirkungen auf das Vertrauensverhältnis im Netzwerk und den Ruf im Partnermarkt.

Neben rechtlichen Aspekten ist auch die umfassende und korrekte Aufklärung hinsichtlich der Ziele des Franchisegebers unverzichtbar. In einer langfristig ausgerichteten Partnerschaft werden alle relevanten Umstände irgendwann erkennbar. Offenbart sich dann eine *Schieflage*, ist das Vertrauensverhältnis nachhaltig gestört und Synergie nicht mehr gegeben. Daher liegt umfassende Transparenz auch im eigenen Interesse des Franchisegebers.

Wann immer ein Richter in einem Rechtsstreit zwischen Franchisegeber und Franchisenehmer zu befinden hat, wird er zunächst prüfen, ob der Freiheitsgrad des Franchisenehmers dem Profil eines Unternehmers entspricht und die Kriterien für die Freistellung vom generellen Kartellverbot erfüllt sind. Dann liegt nicht nur der Franchisevertrag mit dem Handbuch auf dem Tisch, sondern auch die im Rahmen der vorvertraglichen Aufklärung übermittelten Informationen. Das ist für den Richter der *Spiegel* für den Gehalt des Franchisepakets. Letztlich geht es um die ausdrücklich oder indirekt vom Franchisegeber versprochenen Wettbewerbsvorteile (vgl. Abschn. 2.1).

Abgesehen von den erwähnten gesetzlichen Regelungen sind im Franchising insbesondere relevant:

- **Gesetz über geistiges Eigentum**
  Marke, Design und Urheberrecht
- **Gesetz zum Schutz von Geschäftsgeheimnissen**
  Geheimhaltung von Know-how
- **Handelsrecht (HGB)**
  Ausgleichsanspruch ausscheidender Franchisenehmer
- **Sozialrecht**
  Versicherungspflicht des Franchisenehmers

Unmittelbaren Einfluss auf jedes Franchisesystem hat einerseits das Urheberrecht und andererseits das Recht für Geschäftsgeheimnisse. Jedes Franchisesystem benötigt als Erkennungszeichen eine geschützte Marke, möglicherweise auch geschützte Designmerkmale mit hohem Wiedererkennungswert. An der Marke hängt der im Lauf der Zeit aufgebaute Ruf, der ein beträchtliches immaterielles Kapital des Franchisegebers darstellt. Davon abgesehen gehört das Nutzungsrecht für Schutzrechte des Franchisegebers zu den wenigen *harten* Bestandteilen des Franchisevertrags (vgl. Abschn. 1.5). Es ist daher für den Franchisegeber lebenswichtig, den Schutz der Marke lückenlos aufrechtzuerhalten und gegen Verletzungen des Schutzrechts vorzugehen. Dazu muss er insbesondere die neuen Anmeldungen beim Patent- und Markenamt zeitnah verfolgen.

Ähnliches gilt für das Know-how als Kern des Franchisepakets. Das Know-how wird dem Franchisenehmer und teilweise seinen Mitarbeitern offengelegt. Der Franchisegeber muss durch konsequente Maßnahmen zur Geheimhaltung dafür sorgen, dass der geheime Status aufrechterhalten bleibt. Andernfalls ist sein Anspruch auf Franchisegebühr und letztlich sogar der Bestand seines Systems gefährdet, weil der Franchisegeber eine vertragliche Hauptpflicht nicht mehr erfüllen kann.

Ein weiterer rechtlicher Aspekt ist die Rolle von Franchisenehmern im Rahmen eines Partnerbeirats (vgl. Abschn. 5.9). Hier kann es nur um eine Beratung der Systemzentrale gehen, keinesfalls um Mitwirkung an Entscheidungen. In diesem Fall besteht die Gefahr, dass die nach der GVO zulässigen vertikalen Absprachen unterschiedlicher Wirtschaftsstufen als horizontale Absprachen gewertet werden und damit den rechtlichen Bestand des Franchisesystems gefährden. Dieses Problem ergibt sich im Übrigen auch dann, wenn Franchisenehmer zugleich Gesellschafter der Trägergesellschaft des Franchisesystems sind – beispielsweise in Verbundgruppen.

1.5 Franchisevertrag

Ein schriftlicher Franchisevertrag ist unverzichtbar. Manche betrachten ihn als *Rückgrat* des Franchisesystems. Aber er bewirkt keine synergetische Partnerschaft und keinen langfristigen Erfolg des Franchisesystems. Deshalb irren sich Franchisegeber, wenn sie versuchen, in möglichst kurzer Zeit möglichst viele Franchisenehmer zu einer Unterschrift zu bewegen. Damit ist nichts gewonnen. Engagierte Kooperation ist nicht erzwingbar, schon gar nicht einklagbar. Das Äußerste wäre *Dienst nach Vorschrift*. Das ist zu wenig im harten Wettbewerb des Marktes.

Generell leidet die Kraft des Systems, wenn Vertragspartner ständig auf den Vertrag pochen. Versuchen sie sogar, Meinungsverschiedenheiten vor Gerichten zu klären, kann dies die weitere Expansion und sogar den Bestand des Netzwerks gefährden. Dann ist eine Trennung besser – für beide Partner und das Franchisenetz insgesamt.

Formal kann daher der Vertrag allenfalls einen moralischen Druck bewirken, wenn ein Partner den anderen (vielleicht nach längerer Zusammenarbeit) darauf hinweist, was man bei der *Hochzeit* mal vereinbart hat. Unter diesem Aspekt ist der Vertrag eine Aufzeichnung vereinbarter Ziele, Rollen und *Spielregeln* – zum Nachlesen. Die Franchisepartnerschaft ist langfristig ausgerichtet, das Gedächtnis aber oft nur kurz.

Im Hinblick auf nachhaltigen Konsens ergeben sich besondere Anforderungen an die Vertragsgestaltung. Wichtig sind übersichtliche Gliederung, klare und leicht verständliche Sprache, eine umfassende Regelung aller wesentlichen Punkte und Lösungsansätze für voraussehbare Konflikte.

Der Vertrag ist ein Spiegelbild des Geschäftsmodells, seiner besonderen Wettbewerbskraft (vgl. Abschn. 2.1) und der Unternehmenskultur. Da jedes Franchisesystem ein Unikat ist, kann der Vertrag kein Standardtext sein. In Anbetracht der auch rechtlich komplexen Materie sollte er von einem erfahrenen Franchiseanwalt ausgearbeitet werden, der auch die die aktuelle Rechtsprechung kennt. Eine Liste der Experten ist im Mitgliederbereich des Deutschen Franchiseverbands (www.franchiseverband.com) enthalten.

Der Franchisevertrag ist somit ein Konstrukt besonderer Art. Er enthält Elemente mehrerer klassischer Rechtsgeschäfte wie:

- **Lizenzvergabe:** Nutzungsrecht für Marke/Geschäftsmodell/Know-how/Geheimnisse
- **Projektvereinbarung:** arbeitsteilige Errichtung des Franchisebetriebs
- **Warenlieferung:** Designelemente/Einrichtung/Technik/Handelswaren/Material
- **Dienstleistungen:** Schulung/Training/Erfahrungsaustausch/Betreuung/Monitoring

Unverändert zutreffend ist die Definition von Walter Skaupy, dem maßgeblichen Förderer des Franchisings zu Beginn der Franchisewelle in den 70er-Jahren:

> „Der Franchisevertrag ist ein Inbegriff von gegenseitigen Verpflichtungen im Rahmen eines Dauerschuldverhältnisses, durch den der Franchisegeber dem Franchisenehmer, einem selbstständigen Händler oder Unternehmer, gegen Entgelt das Recht gewährt, bestimmte Waren und/oder Dienst-

leistungen unter Verwendung von Namen, Warenzeichen, Ausstattung oder sonstigen Schutzrechten sowie den technischen und gewerblichen Erfahrungen des Franchisegebers und unter Beachtung des von Letzterem entwickelten Organisations- und Werbungssystems zu vertreiben, wobei der Franchisegeber dem Franchisenehmer bei Start, Rat und Schulung gewährt und eine Kontrolle ausübt." (Gross und Skaupy 1968, S. 192)

Für die Struktur des Vertrags bestehen keine Vorgaben. Manche Verträge sind in klassischer Form aufgebaut, nach Rechten und Pflichten gegliedert. Andere Verträge sind hinsichtlich des arbeitsteiligen Zusammenwirkens prozessorientiert aufgebaut, behandeln Rechte und Pflichten auf jeder Wertschöpfungsstufe und bilden so die kompetenzorientierte Arbeitsteilung ab.

Richtlinien sind eine Besonderheit des Franchisevertrags. Es sind „dynamische Anlagen", die Details der korrekten Umsetzung des Geschäftsmodells verbindlich regeln. Grundsätzlich können Anlagen zu einem Vertrag nur einvernehmlich von beiden Vertragspartnern geändert werden. Im Franchising toleriert die Rechtsprechung in Anbetracht der langfristigen Vertragsdauer das einseitige und zugleich verbindliche Ändern durch den Franchisegeber, um das Geschäftsmodell den fortschreitenden Änderungen von Recht, Markt, Technik und Wettbewerb anzupassen. Dies gilt allerdings nur, wenn dadurch der Status des Franchisenehmers nicht geändert und seine Gewinnchancen nicht gemindert werden. Die Änderung erfolgt durch eine jeweils neue Version der Richtlinie (vgl. Abschn. 3.3).

Das für eine Franchisepartnerschaft erforderliche Vertragswerk umfasst neben dem eigentlichen Franchisevertrag teilweise weitere Dokumente, z. B.:

- **Vorverträge:** Vertraulichkeitserklärung für erste Informationen bei Vertragsabschluss, Standortreservierung während Praktikum/Finanzierungsanfrage
- **Ergänzende Verträge:** Liefer-/Zahlungsbedingungen, nachvertragliches Wettbewerbsverbot, Schiedsvertrag
- **Begleitende Verträge:** Mietvertrag, Gesellschaftsvertrag, Lieferverträge mit Dritten, Kreditverträge

Soweit bestimmte Mikrostandorte erfolgsentscheidend sind, werden häufig von Franchisegebern Mietverträge abgeschlossen, deren Nutzungsrecht dann auf die Franchisenehmer übertragen wird. Abgesehen von dem primären Ziel der Standortsicherung und Partnerbindung kann dafür auch die höhere Bonität der Franchisegeber gegenüber dem Vermieter ausschlaggebend sein. Bei besonders kapitalstarken Franchisegebern kann auch ein Kauf der Immobilie als Kapitalanlage vorkommen (vgl. Abschn. 6.6).

Einfluss auf die Entscheidung zum Vertragsabschluss haben insbesondere bei Existenzgründern nicht nur Familie, sondern auch Steuerberater und Stammtischfreunde. Letztlich verändert die Franchisepartnerschaft das Leben auf lange Zeit – manchmal lebenslänglich. Daher ist es verständlich, dass beim Franchisenehmer viele Fragen aufkommen, auch Bedenken, manchmal sogar Misstrauen. Wenn sich sein Steuerberater nicht auskennt, rät er oft allein aus Haftungsgründen zur Vorsicht. So kommt es vor, dass zunächst begeisterte Franchise-Interessenten plötzlich abspringen. Daher sollte der Vertrag selbsterklärend formuliert sein. Oft ist es vorteilhaft, in die persönliche Erläuterung des Vertrags durch den Franchisegeber neben dem Franchisenehmer und seiner Familie auch seine *Influencer* einzubeziehen.

Eine rechtliche Funktion hat der Franchisevertrag bei Beendigung der Partnerschaft. Hier entwickelt sich zwangsläufig ein beträchtliches Konfliktpotenzial. Die Interessen beider Partner stimmen nicht mehr überein. Die Partner streben nicht mehr nach gemeinsamem Erfolg, sondern nach größtmöglichem Eigenvorteil. Klima und Motivation sind unbedeutend geworden. Die Zukunft des anderen interessiert nicht mehr. Dann ist der Vertrag ein Beweismittel, von dem sehr viel abhängen kann. Er ist rechtlich also vor allem ein *Scheidungspapier*, enthält detaillierte Verfahrensanweisungen für die Trennung – fristgerecht oder vorzeitig. Dann soll der Vertrag dazu beitragen, dass die Partnerschaft schnell, fair, reibungslos und *geräuschlos* endet. Für die weitere Expansion des Franchisesystems ist nichts hinderlicher als ein in der Öffentlichkeit ausgetragener Streit, abgesehen von Zeitaufwand und Kosten. In einem guten Franchisevertrag sind daher die erfahrungsgemäß bei Vertragsbeendigung entstehenden Probleme berücksichtigt und Problemlösungen bereits vorgegeben.

1.6 Vision

In dem 1968 erschienenen ersten Buch über Franchising in deutscher Sprache sah der Autor Herbert Gross die Zukunft des Franchisings als logische Konsequenz der Megatrends in den Märkten:

> „Mit der technischen Wohlstandsgesellschaft verlassen wir die Ära des anonymen Marktes. Es ist nicht mehr der unbekannte Hersteller oder Händler, der mit unbekannter Ware an unbekannte Kunden auf unbekannten Märkten herantritt. Vielmehr ist es der durch Symbole bekannte Unternehmer, der Markenartikel an Kunden verkauft, um deren psychologisch-persönliche Kenntnis er sich täglich mehr bemühen muss, auf bekannten, durch Segmentierung und Differenzierung transparenter werdenden Märkten. Die vom Service durchtränkte Marktwirtschaft von morgen ist durch Transparenz, Namen, Markenbilder, Markenprogramme und durch Systeme geprägt, deren Erfolg vom Bekanntheitsgrad abhängt den sie ausstrahlen und von der Kenntnis der Kunden die man anspricht." (Gross und Skaupy 1968, S. 70)

Auch heute noch sehen Zukunftsforscher im Franchising eine Vertriebsform mit großen Perspektiven. Die Zahl der Franchisegeber und insbesondere der Franchisenehmer wächst weltweit kontinuierlich. Ein wirkungsvoller Beschleuniger für das Vordringen von Franchisesystemen ist der anhaltende Trend zur Dienstleistungsgesellschaft. Der Markt für klassische Produkte ist gesättigt, geprägt durch Überangebot, Ähnlichkeit und wachsenden Preisdruck. Hier kann Franchising zwar Wettbewerbsvorteile generieren (vgl. Abschn. 2.1), aber die Perspektiven sind begrenzt. Im Gegensatz dazu wächst der Markt für Dienstleistungen zunehmend. Das Angebot ist knapp, begehrt und profitabel. Es ist also kein Wunder, dass immer mehr Unternehmen und Investoren Chancen im Dienstleistungsmarkt sehen.

Die künftige Dynamik des Franchisings liegt somit bei den Dienstleistungen. Dort bestehen bereits global aktive Giganten. Beispiele sind nicht nur der 1940 gegründete Gastronomieriese McDonald's, sondern auch ROBERT BOSCH. Der Bosch-Dienst wurde 1921 gegründet zur Reparatur von elektrischen Fahrzeugaggregaten. Heute gibt es in 150

Ländern rund 15.000 Bosch Car Service Partner. Ein junger Gigant ist FlixBus. Das erst 2012 gegründete Unternehmen hat mit rund 250 Partnern und 1000 Fahrzeugen im Inland inzwischen einen Marktanteil von über 90 %. Auch das Auslandsgeschäft hat stark expandiert, insbesondere nach Übernahme der renommierten Greyhound-Line in USA. Die Partner werden zwar als „Subunternehmer" bezeichnet, sind aber de facto Franchisenehmer.

> **Ihr Transfer in die Praxis**
> Wenn Sie an Ihr Unternehmen denken, können Sie nach den grundlegenden Ausführungen die folgenden Fragen klar beantworten?
> - Kann Franchising für uns ein Thema sein?
> - Können wir uns eine langfristige Kooperation vorstellen?
> - Wo könnten wir geeignete Franchisenehmer finden?
> - Haben wir für Franchisenehmer attraktives Erfahrungswissen?
> - Wie würde sich Franchising auf unser angestammtes Geschäft auswirken?

Literatur

Boehm H (1971) Franchising in der Bundesrepublik Deutschland. Infratest Industria, München

Deutscher Franchiseverband (2022) Franchise Definition – Was ist Franchising? https://www.franchiseverband.com/wissen/franchising-definition. Zugegriffen am 30.08.2022

Gross H, Skaupy W (1968) Das Franchise-System. Neue Vertriebswege für Waren und Dienstleistungen. ECON, Düsseldorf/Wien

2

Die Strategie – Wie der Franchisegeber vorgeht

> **Was Sie aus diesem Kapitel mitnehmen**
> - Sie werden für die Meilensteine der Franchisesstrategie sensibilisiert.
> - Sie lernen die Voraussetzungen für einen Start als Franchisegeber kennen.
> - Sie erfahren, was der *zweite Markt* bedeutet.
> - Sie lesen, wie im Netz arbeitsteilige Effizienz entsteht und welcher Zeithorizont Franchising prägt.

2.1 Wettbewerbsvorsprung

„Partnership for Profit", das ist es, was der Franchisegeber verspricht. Aber das funktioniert nur, wenn der Franchisegeber irgendetwas besitzt, was nachhaltig einen Vorsprung im Markt bedeutet. Erst dann kann er selbständige Unternehmer veranlassen, als Franchisenehmer Kapital (oft ihr gesamtes Vermögen) einzusetzen und sich (gewöhnlich) auch noch zu verschulden, um ihren Betrieb nach den Vorgaben des Franchisegebers aufzubauen und im Markt einzuführen. Nur dann sind sie bereit, das Geschäftsmodell nachdrücklich umzusetzen, unter fremder „Flagge" aufzutreten, Richtlinien zu befolgen (auch wenn sie gelegentlich nicht der eigenen Vorstellung entsprechen), Erfahrungen auszutauschen, Informationen über den örtlichen Markt sowie den Geschäftsverlauf zu liefern, eine Eintrittsgebühr und laufende Franchisegebühren zu zahlen. Nur dann integrieren sie sich in die *Mannschaft*. Das ist für jeden Partner eine Herausforderung und zugleich ein beträchtlicher Beitrag zum gemeinsamen Erfolg.

Jeder Franchisegeber braucht also irgendeinen Wettbewerbsvorteil – etwas, was andere nicht haben. Das bietet er im Wettbewerb mit anderen Franchisegebern im Partnermarkt an, und der Franchisenehmer setzt es im Wettbewerb mit anderen Anbietern im Absatzmarkt um. Da der Franchisevertrag lange läuft und der Franchisegeber immer wieder neue Verträge abschließt, muss der Vorsprung mehrere Jahrzehnte Bestand haben.

Ansatzpunkte bietet ein Mosaik von *weichen* Erfolgsfaktoren. Sie generieren Vorsprungsmerkmale auf mehreren Feldern:

- **Wettbewerbsvorsprung:** stärkere Wirkung im Markt
- **Motivationsvorsprung:** höheres Engagement an der Verkaufsfront
- **Kostenvorsprung:** höhere Produktivität und Beschaffungsvorteile
- **Synergievorsprung:** optimiertes Zusammenwirken sämtlicher Faktoren (2 + 2 = 5)

Der Wettbewerbsvorsprung kann in unterschiedlichen Formen auftreten:

- innovatives Produkt
- graduelle Perfektion
- Schutzrecht an einer eingeführten und attraktiven Marke
- Urheberrechte für IT
- Geheimnisse bei Ingredienzien
- Geschäftsgeheimnisse in der Effizienz in komplexen Organisationen

Oft haben Franchisesysteme in irgendeiner Form innovativen Charakter. Wer mit einem für die Zielgruppe neuen und attraktiven Konzept im Markt auftritt, hat durch seine Alleinstellung immer Erfolgschancen. Dies sind hervorragende Startbedingungen für Franchisegeber. Auch im

Partnermarkt können sie etwas anbieten, was es woanders nicht gibt. Somit haben sie gute Voraussetzungen für den schnellen Aufbau eines marktweiten Netzwerks.

Ein innovatives Marktangebot allein ist zwar ein starker Wettbewerbsvorteil, aber gewöhnlich (abgesehen von der Marke) nicht schützbar. Daher folgt auf den Markterfolg eines Innovators in der Regel bald eine Welle der Imitation. Da kein Innovator in der Lage ist, den gesamten Markt in kurzer Zeit mit Filialen oder Franchisebetrieben abzudecken, bleibt für Imitatoren in den jeweils noch freien Gebieten Platz. Verfolger *schwimmen* auf der Expansionswelle des Innovators mit. Beispiel hierfür waren Baumärkte und Tierfutter-Spezialgeschäfte. Allerdings kann es dem Pionier gelingen, durch den zeitlichen Vorsprung eine dominierende Rolle im Markt aufzubauen und anschließend vor den Konkurrenten in die internationale Expansion zu gehen.

Die Chancen für eine echte Innovation sind allerdings selten. Aber was in vielen Marktsegmenten möglich ist und fast immer greift, ist die graduelle Perfektionierung (vgl. Abschn. 4.3). Es muss nicht der große innovative *Wurf* sein. Auch neue Ideen im Kleinen, Verbesserungen einzelner *Bausteine* können Vorsprung bringen. Manchmal hilft auch die Regel der fünf „A": „Alles anders als alle Anderen."

Einen deutlichen Vorsprung bieten dagegen große Marken, wie sie in der Mode und im Kraftfahrzeughandel üblich sind. Hier beruht der Vorsprung einerseits auf hervorragenden Produkten, andererseits auf Schutzrechten für eine Marke mit hohem Bekanntheitsgrad und positivem Image. Ähnlich stark wirkt der Urheberrechtsschutz für IT-Software, beispielsweise bei Buchungssystemen.

Wettbewerbsvorteile, die auf Geheimnissen in wesentlichen Funktionen beruhen, sind eine gute Basis. Sie sind aber abgesehen von der Gastronomie selten. Ein weiteres Feld sind Geheimnisse hinsichtlich der Effizienz komplexer Organisationen, insbesondere in der „vertikalen Arbeitsteilung" (vgl. Abschn. 2.3).

Ansatzpunkte für das Ausbilden von Vorsprungsmerkmalen sind darüber hinaus Marktsegmente mit

- vernachlässigten Randfeldern,
- teilweise zweifelhaftem Ruf,

- heranwachsenden neuen Zielgruppen,
- internetbasierter Koordination von Dienstleistungen.

Manche Franchisegeber erreichen eine herausragende Marktposition durch Spezialisierung auf Marktnischen, die von etablierten Anbietern vernachlässigt werden. Hier entwickeln sie durch neue Problemlösungen Vorteile. Wegen des hohen Stellenwerts einer überregional und stark beworbenen Marke im zunehmend medial geprägten Markt eignet sich Franchising außerdem zur Profilierung von Dienstleistungen, deren Branche unter einem Imageproblem leidet, wie beispielsweise Immobilienmakler (vgl. Abschn. 8.4).

Ein kaum vorhandenes Unterscheidungsmerkmal gegenüber Wettbewerbern ist der wunde Punkt bei vielen Franchisegebern. Das äußert sich dann auch im Aufbau des Netzwerks. Sie dümpeln jahrelang vor sich hin. Das kleine und nur langsam wachsende Netz deckt die Kosten einer leistungsfähigen Systemzentrale nicht. Die damit verbundenen Minderleistungen für die Partner führen zu Unzufriedenheit und behindern die weitere Expansion. So geraten sie allmählich in eine negative Spirale. Andererseits kann es bei starken Vorsprungsmerkmalen zu einer sich selbst beschleunigenden Expansion kommen (vgl. Abschn. 4.6). Wenn Sie, lieber Leser, an den Aufbau eines Franchisesystems denken, überlegen Sie also zunächst, welche Wettbewerbsvorteile Sie haben und wo Sie Vorsprungsmerkmale generieren können.

Generelle Voraussetzung für den Erfolg eines Franchisesystems ist selbstverständlich, dass bei den Franchisenehmern *die Kasse stimmt*. Obwohl sie durch die Franchisegebühren höhere Kosten haben, muss der Gewinn eines Franchisenehmers höher sein als der des Einzelkämpfers. In Verbindung mit langfristiger Sicherheit ist es das Versprechen des Franchisegebers im Partnermarkt. Davon abgesehen müssen auch die immateriellen Vorteile beider Seiten ausgewogen sein und bleiben (vgl. Abb. 2.1). In Anbetracht des hohen Stellenwerts der *weichen* Erfolgsfaktoren ist deren Balance in der Franchisepartnerschaft ein großes Thema.

Balance ist selten stabil, muss in der Regel immer wieder nachjustiert werden. Daher sollte der Franchisegeber sensibel auf das Kooperationsklima achten. Von unzufriedenen Franchisenehmern können leicht destruktive Impulse auf das Netzwerk ausgehen. Werden sie von der System-

2 Die Strategie – Wie der Franchisegeber vorgeht

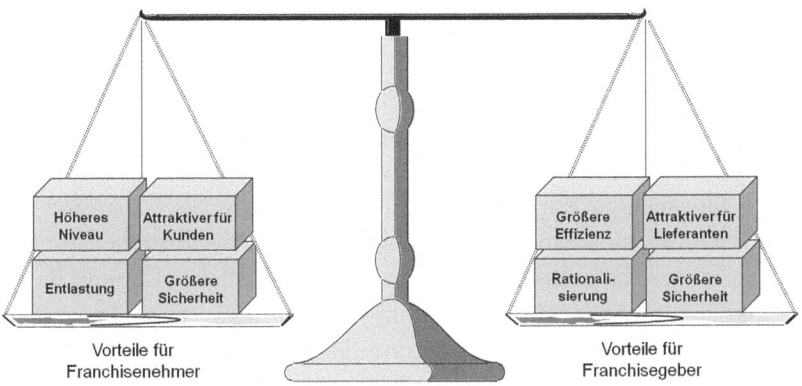

Abb. 2.1 Voraussetzung Balance

zentrale nicht rechtzeitig erkannt und konstruktiv gemeinsam mit den Partnern gelöst (vgl. Abschn. 5.9), kann ein gefährlicher *Schwelbrand* entstehen. Dann erodiert die Synergie. Unerkannte Konflikte können sich unbemerkt ausbreiten und durchaus zum Kollaps eines Franchise systems führen.

Franchising verlangt nach einem stabilen *Fundament*. Unter diesem Aspekt sind in der Franchisepraxis immer wieder fundamentale Schwachstellen erkennbar, insbesondere:

- Unkenntnis der Erfolgsvoraussetzungen
- geringer Innovationsgrad
- stagnierende Netzgröße auf niedrigem Niveau
- Kapitalmangel

Oft starten Initiatoren ein Franchiseprojekt ohne konkrete Vorstellungen davon, welche Voraussetzungen erfüllt sein müssen und welche Herausforderungen auf sie zukommen. Der Gedanke an den schnellen Aufbau eines marktweiten Netzwerks mit vermeintlich relativ geringen Investitionen und begrenztem Risiko ist zu verlockend. Durch die engagierten Aktivitäten des Deutschen Franchiseverbands (DFV) in der Medienarbeit und die Wissensverbreitung durch die Verbandstochter Deutsches Franchise-Institut GmbH (DFI) sowie die vom Verband initiierte IHK-Ausbildung zum Franchisemanager wird allerdings der Wissensstand zunehmend verbessert. Trotzdem gibt es immer wieder Versuche von *Glücksrittern*, über den Hebelarm des Franchisings als Systemgeber schnell groß und reich zu werden.

Ein großes Thema ist der Kapitalbedarf. Die Vision eines von anderen mit jeweils eigenem Kapital aufgebauten Netzwerks bei Expansion mit Eigendynamik ist verführerisch. Aber allein die erforderlichen Vorleistungen eines Franchisegebers erfordern beträchtliches Kapital. Es beschränkt sich nicht auf die Entwicklungskosten des Systems. Der größte *Brocken* ist das Vorhalten einer leistungsfähigen Systemzentrale über die *Durststrecke* bis zur Gewinnschwelle. Hier können Franchisegeber schnell *verdursten* (vgl. Abschn. 5.3).

2.2 Umweg „Partnermarkt"

Ausschlaggebend für den Aufbau eines Franchisesystems können unterschiedliche strategische Aspekte sein: Marketing, Vertrieb, Organisation, Personal, Expansion oder Finanzierung. Im Vordergrund steht in der Regel die Expansion mit dem Eigenkapital und Engagement selbstständiger Partner – national oder international. Davon abgesehen sind typische Absatzstrategien von Franchisegebern:

- Innovationsvorsprung sichern
- Vertriebsnetz verdichten
- auch potenzialschwache Regionen erschließen
- Distributionsweg öffnen für offensives Marketing
- Vertriebspartner qualifizieren und funktional binden
- Vertriebsweg organisatorisch straffen und sichern
- Marke als immaterielles Kapital aufbauen und nutzen
- Produktivität steigern durch vertikale Arbeitsteilung
- Synergie-Effekte im Pool realisieren

Diese Ziele kann ein Unternehmen in der Regel nicht direkt und aus eigener Kraft erreichen. Soweit sich ein marktweit tätiger Anbieter nicht für Online- oder Direktvertrieb entscheidet, müsste er eine Filialkette

2 Die Strategie – Wie der Franchisegeber vorgeht

aufbauen. Dies bedeutet erhebliche Investitionen und hohen organisatorischen Aufwand. Da Angestellte mit fremdem Geld erfahrungsgemäß wesentlich sorgloser umgehen, ist zudem ein wirkungsvolles Kontrollsystem unverzichtbar.

Mit Franchising bietet sich ein Umweg an: Der Franchisegeber *verkauft* in einem zweiten Markt zunächst ein anderes *Produkt*:

- Existenzgründern eine schlüsselfertige Existenz
- expandierenden mittelständischen Unternehmern ein zweites Standbein
- Investoren ein berechenbares Anlageobjekt
- etablierten kleineren Unternehmern einen „Regenschirm"

Wie jedes *Produkt* muss auch dieses mit einem Produktversprechen verbunden sein. Das *Versprechen* des Franchisegebers lautet:

- überdurchschnittlicher Gewinn
- persönliche Wachstumschancen
- langfristige Sicherheit
- soziales Ansehen als Unternehmer

Sind seine potenziellen Partner Existenzgründer, kommt noch der Aspekt der Ausfallquote hinzu. Sie ist bei Franchisenehmern wesentlich geringer als bei *Einzelkämpfern*.

Wettbewerbsvorsprung führt über das Ziel „Gewinn für den Franchisenehmer" zu einer strategischen Allianz zwischen dem Franchisegeber und seinen Partnern vor Ort (vgl. Abb. 2.2).

Bietet der Franchisegeber potenziellen Franchisenehmern etwas, was sie dringend suchen und woanders nicht finden, so ist er Anbieter eines knappen *Guts* – ein begehrter Partner. Er kann die bestgeeigneten Bewerber auswählen, sie mit dem notwendigen Wissen und den erforderlichen Werkzeugen ausstatten, um sein Absatzkonzept umzusetzen. Die Umwegstrategie besteht somit darin, Probleme von Unternehmern oder potenziellen Unternehmern nachhaltig zu lösen und sie so als Absatzmittler zu gewinnen.

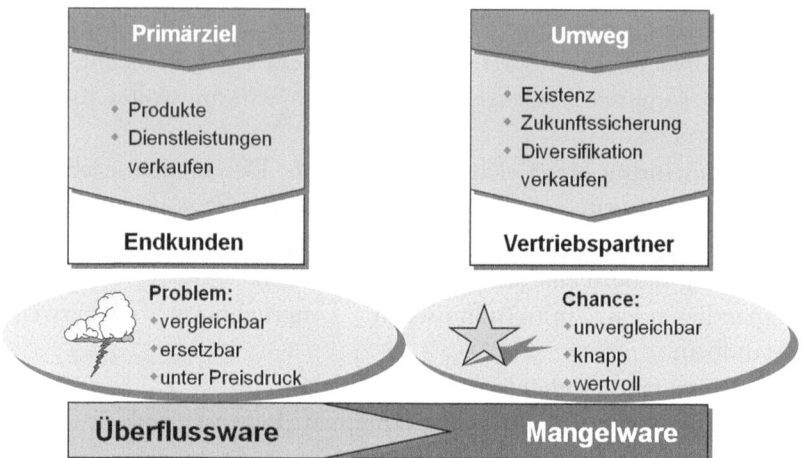

Abb. 2.2 Wirkung der Umwegstrategie

Hinter dieser Strategie steckt letztlich nichts anderes als das Grundprinzip des Marketings: Anbieten, was die *Kunden* wirklich brauchen! Unternehmer in Vertrieb, Handel und Dienstleistung haben kein Problem, Lieferanten für die erforderlichen Produkte zu finden. Sie sind in der Regel *Überflussware* und vergleichbar, daher ersetzbar und unter Preisdruck. Oft ist der Preis das einzige Argument. Das ist eine schwache Position im Markt. Was die Unternehmer in Vertrieb, Handel und Dienstleistung brauchen, sind fundierte Marktchancen, Wettbewerbsvorteile und Zukunftssicherheit. Wer das bietet, *handelt* mit *Mangelware* und ist ein begehrter *Lieferant*.

Das eigentliche *Produkt* des Franchisegebers ist zwar sein Angebot im Absatzmarkt, aber genauso wichtig ist sein Angebot im Partnermarkt: Das erfolgreich getestete Geschäftsmodell mit wettbewerbsstarken Merkmalen, *umhüllt* von einem synergetischen Kooperationssystem. Der für einen angehenden Franchisegeber neue zweite Markt bedeutet neue Chancen bei neuen Zielgruppen mit einem neuen Produkt und einem neuen Produktversprechen (vgl. Abb. 2.3). Voraussetzung ist allerdings ein Selbstverständnis als Erfolgsdienstleister (vgl. Abschn. 5.1) sowie ein glaubwürdiges Bekenntnis zur langfristigen und fairen Partnerschaft.

Das Ziel des Franchisegebers ist es also, den Franchisenehmer erfolgreich und *glücklich* zu machen. Gelingt ihm dies, hat er (auf einem Um-

2 Die Strategie – Wie der Franchisegeber vorgeht

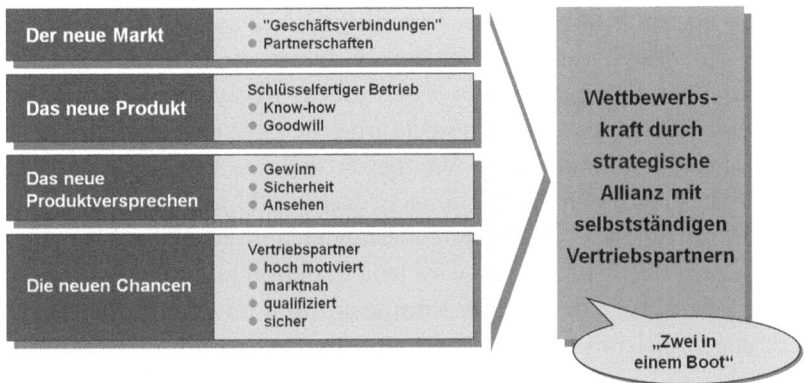

Abb. 2.3 Chancen im zweiten Markt

weg) sein Absatzziel erreicht: Einen quasi eigenen Absatzkanal bis zum Endkunden – transparent, steuerbar und sicher. Der Franchisegeber verkauft Überflussware, indem er in einer Zwischenetappe einer anderen Zielgruppe (seinen Franchisepartnern) Mangelware anbietet. Dabei geht es nicht um ein *schnelles* Geschäft, sondern um eine jahrzehntelange Perspektive.

Das ist eine anspruchsvolle Aufgabe. Sie erstreckt sich nicht nur auf die Installation des Geschäftsmodells im Markt, den Transfer des Knowhows, ein leistungsfähiges Kommunikations- und Betreuungssystem, perfekte Logistik sowie die ständige Optimierung des Konzepts, sondern auch auf die Koordination einer großen Zahl von Individuen mit größtmöglicher Synergie (vgl. Abschn. 5.9). Der Lohn ist die hohe Wettbewerbskraft. Sie macht Franchising so attraktiv im Verdrängungswettbewerb.

2.3 Vertikale Arbeitsteilung

Die Erfolgsformel des Industriezeitalters ist das Fließbandprinzip: Arbeitsteilung und Spezialisierung. Hochkompetente Spezialisten mit teuren Spezialwerkzeugen werden verknüpft und erstellen gemeinsam das Produkt – mit umfassendem Know-how und mit geringen Kosten.

Dieselbe Formel wirkt auch im Franchising. Nur geht es hier um den Vertrieb von Waren und Dienstleistungen. Durch die Synergie aus unternehmerischem Engagement vor Ort, hohem Wissensniveau auf allen erfolgsentscheidenden Gebieten sowie arbeitsteiligen und effizienten Prozessen entwickelt Franchising Wettbewerbsstärke. Hinzu kommt der Hebeleffekt der großen Zahl: Einmal gedacht und hundertmal gemacht. Er greift, sobald das Franchisesystem erfolgreich im Markt etabliert ist.

Nach dem Fließbandprinzip wird jede Funktion nur an einer einzigen Stelle erledigt: Am Ort höchster Kompetenz und mit den produktivsten Werkzeugen. Jeder macht das, was er an seiner Stelle am besten kann (vgl. Abb. 2.4).

Der Franchisegeber sieht von einer höheren Warte den gesamten Markt. Er ist daher zuständig für alle überregionalen Funktionen. Die Zentrale steuert den Marktauftritt und hält auf der anderen Seite den Kontakt zu Lieferanten für materiellen und immateriellen Bedarf. Die Bündelung von Aufgaben in der Zentrale erlaubt dort den Einsatz auch teurer Spezialisten und Tools.

Zugleich befreit die Arbeitsteilung die Partner von denjenigen Funktionen, die nicht ihre Kernaufgaben sind. Sie delegieren den Ballast arbeitsintensiver Hilfsfunktion auf spezialisierte Dienstleister in der Zen-

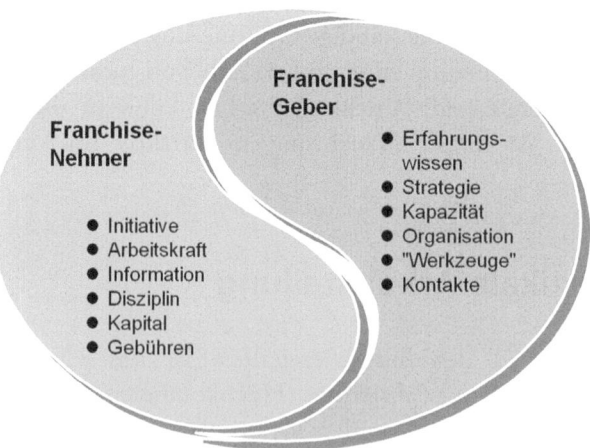

Abb. 2.4 Ein Bündel komplementärer Stärken

trale und konzentrieren sich auf das, was nur vor Ort erledigt werden kann. Neben dem eigenen Arbeitseinsatz sind dies insbesondere:

- lokale Nachfrage analysieren und Wettbewerb beobachten
- Angebot optimal präsentieren
- Kontakt zu Multiplikatoren aufbauen und Interessenten ansprechen
- Personal auswählen, motivieren und führen
- Erfolgsdaten zeitnah liefern
- neue Erkenntnisse umsetzen und erkannte Schwachstellen beheben

Das sind die Kernfunktionen jedes einzelnen Franchisenehmers. Alles andere kann in der Regel zentral kompetenter und kostengünstiger erledigt werden – intern oder extern durch das Experten- und Dienstleistungsteam.

2.4 Langfristige Ausrichtung

Aus den Zielen der Franchisegeber (vgl. Abschn. 1.2) folgt zwangsläufig, dass jedes Franchiseprojekt langfristige Perspektiven hat. Es geht nicht um Jahre, sondern um Jahrzehnte. Das Bekenntnis zu einer so weitreichenden Partnerschaft ist die erste Voraussetzung für Chancen als Franchisegeber. Zugleich wird deutlich, dass allein unter diesem Aspekt die potenziellen Franchisegeber eher vorausschauende Einzelunternehmer oder Familienunternehmen sind als fremdgeführte Konzerne mit kurzfristigen Gewinnzielen und wechselnden Strategien (vgl. Abschn. 1.2).

Für die Franchisenehmer geht es in der Regel um den Aufbau eines lukrativen Geschäfts für den Rest ihres Berufslebens. Möglicherweise denkt mancher Franchisenehmer auch an die nächste Generation. Die Investitionen der Franchisenehmer werden gewöhnlich weitgehend fremdfinanziert, oft gefördert durch staatliche Programme. Bei diesen Mitteln verlangt die Kreditanstalt für Wiederaufbau (KfW) Franchiseverträge mit einer Laufzeit von mindestens zehn Jahren (vgl. Abschn. 1.5)

Der Aufbau eines Franchisenetzwerks verläuft erfahrungsgemäß zunächst schleppend, weil der Sog attraktiver Vorbilder fehlt (vgl.

Abschn. 5.3). Bis der nationale Markt abgedeckt ist, vergehen in der Regel viele Jahre. In diesem Zeitraum schließt der Franchisegeber ständig neue Franchiseverträge ab, jeden mit der vorgegebenen Mindestlaufzeit. So schiebt der Franchisegeber rechtlich also eine *Bugwelle* von zehn Jahren vor sich her.

Allein aus vertragsrechtlichem Grund kann der Franchisegeber also seine Franchiseaktivitäten nicht kurzfristig beenden. Einziger Ausweg (abgesehen von Insolvenz) wäre der Verkauf. Das Potenzial an Käufern ist aber begrenzt, insbesondere für Franchisesysteme im frühem Stadium. Davon abgesehen scheuen im Umgang mit Franchising unerfahrene Unternehmen die mit der Steuerung unterschiedlicher Persönlichkeiten verbundene Herausforderung. Daher kommen als potenzielle Käufer vorwiegend andere Franchisegeber der Branche infrage – ein stark begrenztes Potenzial.

Abgesehen davon ist die Reaktion der Franchisenehmer auf einen Verkauf der Systemzentrale und Marke ungewiss. Letztlich haben sie auf eine langfristige Zusammenarbeit mit dem Initiator gesetzt. Das Vertrauen in ihn sowie die gegenseitige *Kompatibilität* waren Grundlage für den Abschluss des Franchisevertrags.

Ihr Transfer in die Praxis
Wenn Sie Franchisegeber werden wollen, sollten Sie sich nach dem Lesen dieses Kapitels folgende Fragen stellen:

- Haben wir einen Wettbewerbsvorsprung?
- Sind die Vorsprungsmerkmale schützbar?
- Wo können wir unsere Franchisenehmer finden?
- Ist unser Konzept zukunftssicher?
- Sind wir bereit zu jahrzehntelanger Bindung an unsere Partner?

3

Das Franchisepaket – Was der Franchisegeber *verkauft*

> **Was Sie aus diesem Kapitel mitnehmen**
> - Sie erfahren, welche Vorleistungen der Franchisegeber erbringen muss.
> - Sie lernen das sogenannte „Franchisepaket" kennen.
> - Sie lesen, wie die Erprobung des Geschäftsmodells erfolgt.
> - Sie erfahren, welchen Stellenwert die Marke hat und wie Know-how zu dokumentieren ist.
> - Sie erkennen, welche Kompetenz für Aufbau und Weiterentwicklung des Franchisesystems erforderlich ist.

3.1 Bewährtes Geschäftsmodell

Vom Franchisegeber erhält der Franchisenehmer alles, was es als Unternehmer vor Ort braucht, aus einer Hand. Es sind die *Hardware* und die *Software*, zugeschnitten auf das Geschäftsmodell, in Pilotbetrieben erprobt und mit Praxiserfahrungen zahlreicher anderer Franchisenehmer ständig optimiert. Das ist das sogenannte „Franchisepaket". Es enthält einen schlüsselfertig erstellten Betrieb einschließlich Markteinführung sowie permanenter Betreuung – fachlich und betriebswirtschaftlich (vgl. Abb. 3.1).

Soweit nicht ein bereits bewährtes Geschäftsmodell besteht, ist das zu multiplizierende Modell allerdings zunächst in Pilotbetrieben zu erproben. Da der Franchisegeber nicht mit fremdem Geld auf fremdes Risiko experimentieren kann, sind es eigene Filialen.

Um die Akzeptanz und das wirtschaftliche Ergebnis einigermaßen repräsentativ zu erkennen und zu belegen, sind in der Regel mehrere Pilotfilialen an unterschiedlichen Standorten erforderlich. Dies gilt auch hinsichtlich der Persönlichkeit des Filialleiters. Es muss sichergestellt sein, dass das wirtschaftliche Ergebnis durch den typischen Franchisenehmer reproduzierbar ist, also wirklich auf dem Geschäftsmodell beruht und nicht auf anderen Einflüssen. Zugleich geht es darum, die Auswirkungen unterschiedlicher Standortbedingungen auszuloten.

Soweit saisonale Unterschiede auftreten, soll der Pilottest (wenn soweit dies relevant ist) mindestens ein Jahr dauern. Das wirtschaftliche Ergebnis sollte von einem Steuerberater in leicht verständlicher Form auf-

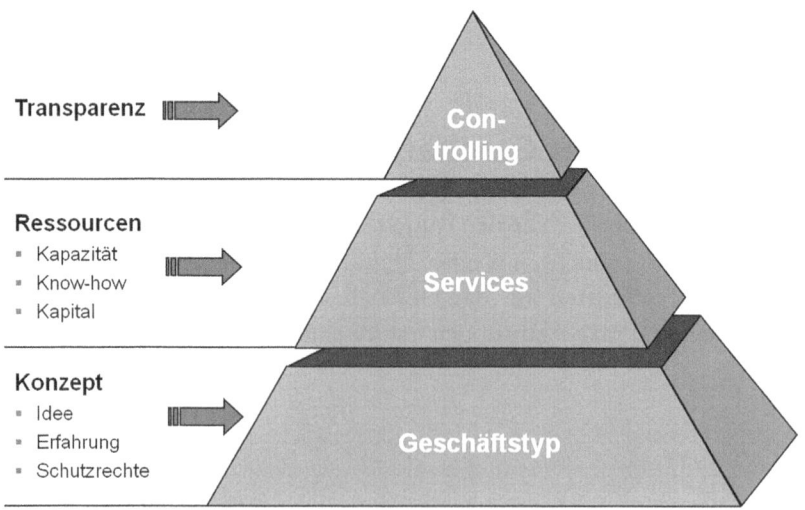

Abb. 3.1 Der Inhalt des Franchisepakets

bereitet und testiert werden. Dies ist eine unverzichtbare Grundlage für die Rekrutierung der Franchisenehmer. Sie wollen ihre Zukunft nicht von einer Hoffnung abhängig machen, sondern ein Konzept mit bewiesenen Erfolgschancen übernehmen. Werden in gemischten Filial-Franchisesystemen die bisherigen Filialleiter zu Franchisenehmern, ist der Aufklärungsbedarf geringer als bei externen Bewerbern. Trotzdem ist eine verlässliche Datenbasis zur Berechnung des voraussichtlichen Unternehmerlohns und der erzielbaren Kapitalverzinsung notwendig. Erst nach erfolgreich abgeschlossenem Pilottest kann die Rekrutierung und somit der eigentliche Netzaufbau beginnen (vgl. Abschn. 5.3).

3.2 Ruf der Marke

Jedes Franchisesystem braucht eine geschützte Marke. Sie ist einerseits Erkennungszeichen für das Marktangebot und seine Qualitätsstandards, andererseits eine unverzichtbare Klammer für die Partnerschaft (vgl. Abschn. 4.7). Soweit der Franchisegeber eine Marke für eigenen Produkte besitzt, kann er sie auch für das Franchisenetz verwenden. Dies ist der typische Fall im Kraftfahrzeughandel oder in Dienstleistungskonzepten, die auf dem Produkt eines namhaften Herstellers basieren (beispielsweise Waschsalons).

In der Regel ist die Marke eines Franchisesystems allerdings eine Dienstleistungsmarke. Sie bezieht sich auf die von der Systemzentrale erbrachten Leistungen. Dazu gehören vor allem die Register-Klassen (Nizza):

35	Unternehmensberatung
36	Finanzwesen
38	Bereitstellen von Informationen über das Internet
41	Ausbildung
42	Computersoftware

Die Eintragung der Marke beim Deutschen Patent- und Markenamt oder eine internationale Registrierung erfordern zunächst Recherchen über bereits bestehende Schutzrechte Anderer. Zu unterscheiden sind dabei *Wortmarken* und *Wortbildmarken*. *Wortmarken* werden nur für einen Namen oder ein Kunstwort eingetragen. Der Schutz bezieht sich auf das Wort an sich, unabhängig von Schriftart, Farbe oder Gestaltung. Bei der *Wortbildmarke* ist dagegen lediglich die grafische Darstellung geschützt. Derselbe Name kann mit anderer Grafik von Anderen genutzt werden – also auch von ausgeschiedenen Franchisenehmern.

Neben der Marke kann der Franchisegeber Schutzrechte für markante Designelemente erwerben. Darüber hinaus besitzt er in jedem Fall das Urheberrecht für selbstentwickelte Software und eigene Texte oder Grafiken.

Die Schutzrechte allein bewirken jedoch keinen automatischen Schutz. Sie verleihen dem Inhaber lediglich das Recht, gegen Verletzer vorzugehen. Dies gilt auch für spätere Eintragungen derselben Marke durch Dritte. Daher ist eine ständige Kontrolle neuer Markeneintragungen sowie allgemeine Sensibilität für Verletzungen in der Praxis unerlässlich.

Eine im Markt eingeführte Marke mit hohem Bekanntheitsgrad und positiven Image ermöglicht dem Franchisenehmer einen *fliegenden Start*. Vom ersten Tag an kommt er in den Genuss des mit der Marke verbundenen Rufs. Er kann somit jahrelange Vorleistungen des Franchisegebers in den Aufbau der Marke nutzen. Dies ist ein wichtiger Aspekt bei der Rekrutierung von Franchisenehmern.

Eine starke Marke hat einerseits einen hohen immateriellen Wert, ist andererseits aber stets gefährdet. Ihr Ruf wird wesentlich geprägt vom Verhalten der Franchisenehmer. Die Märkte sind transparent und die Medien aggressiv. Eine Abweichung vom vorgegebenen Standard verbreitet sich schnell und gefährdet den Ruf. Ein kleiner *Ausrutscher* kann zwar mit massivem Marketing nach einiger Zeit *ausgebügelt* werden, ein größerer Imageschaden lässt sich aber nur schwer *reparieren*.

Daher setzt der Franchisegeber alles daran, den Ruf und damit den Wert seiner Marke zu erhalten. Die Qualitätssicherung (vgl. Abschn. 5.7) ist nicht nur sein Recht zum Schutz seiner immateriellen Werte, sondern zugleich eine Verpflichtung gegenüber den anderen Franchisenehmern. Über die Marke wirken sich Fehlverhalten oder Minderqualität Einzelner auf alle Anderen aus, insbesondere auf den Franchisegeber.

Die Lizenz für die Nutzung von Schutzrechten ist rechtlich das einzig *harte* Element im Partnerschaftsvertrag. Der Franchisegeber kann seine Vertragspartner aufgrund des Vertrags nicht zu konstruktiver Zusammenarbeit zwingen (vgl. Abschn. 1.5). Kooperation ist nicht einklagbar. Aber er kann das Nutzungsrecht an den Schutzrechten für Marke, Corporate Design, Software und Know-how entziehen. Dann ist der Franchisenehmer *nackt* – ohne die Sogwirkung der bekannten Marke und ohne die Effizienz operativer Systeme.

3.3 Know-how

Wissen ist Macht. Daher galt für den Handel schon immer: „Die Ware folgt der Information." In der Dienstleistungsgesellschaft gilt das genauso für Services. Nicht anders ist es im Franchising. Hier basiert Partnerschaft auf Know-how.

Franchising lebt von Wissen. Es ist das *Fundament* des Franchisings. Nur wer weiß, *wie es gemacht wird*, kann es Anderen zeigen und Franchisegeber werden. Und nur wer weiß, wie man eine große Zahl von individuellen Persönlichkeiten steuert, kann ein Franchisesystem erfolgreich führen. Davon abgesehen spielt Wissen auch unter rechtlichen Aspekten eine grundlegende Rolle (vgl. Abschn. 1.4).

Das vom Franchisegeber zur Verfügung gestellte Franchisepaket ist die Umsetzung des Wissens. Es soll die Franchisenehmer in die Lage versetzen, ihren jeweiligen regionalen Markt erfolgreich zu erschließen. Eine Grundlage hierfür ist das Handbuch. Es konkretisiert die Philosophie der Partnerschaft, erklärt die Strategie, definiert das Profil (Corporate Design) und beschreibt die Prozesse sowie die Werkzeuge. Dabei hat Handbuch mehrere Aufgaben:

- Übertragen und Umsetzen des Know-hows
- Präzisieren der vertraglichen Regelungen
- ständige Aktualisierung des Konzepts
- Beweis der Werthaltigkeit des Franchisepakets

Die einzelnen Teile des Handbuchs haben jeweils unterschiedlichen Charakter:

- **Einsichtsvermittlung**
  Dieser Teil soll dem Partner immer wieder die Ziele der Partnerschaft vor Augen halten. Er soll die Einsicht vermitteln, dass ihm das jeweilige Leistungsmodul einen Nutzen liefert, der letztlich zur Steigerung und Sicherung seines wirtschaftlichen Erfolgs führt und/oder ihn persönlich entlastet, damit er sich voll auf seine Kunden konzentrieren kann.
- **Basiswissen**
  Einige Kapitel beziehen sich auf Themen, die in einer früheren Berufsausbildung des Franchisenehmers nicht oder nicht ausreichend vorkamen. Dies gilt insbesondere für Marketing, Verkaufspsychologie, Betriebswirtschaft. Hier soll das Handbuch (soweit erforderlich) in komprimierter Form Grundlagenwissen vermitteln, um das Geschäfts- und Kooperationsmodell umzusetzen.
- **Systembeschreibung**
  Hier werden die einzelnen Werkzeuge, Prozesse und Leistungsmodule in ihrer Funktion und Wirkungsweise beschrieben.
- **Handlungsempfehlung**
  Dieser Teil ist eine *Gebrauchsanweisung* zur konzeptionsgerechten Anwendung des jeweiligen Moduls. Dazu ist der Prozess, nach Schritten gegliedert, in einem Prozessleitfaden beschrieben, oft ergänzt durch ein Flussdiagramm.
- **Tools**
  Soweit spezielle Tools erforderlich sind, werden Sie beschrieben und in einem separaten *Werkzeugkasten* zum Download bereitgestellt.
- **Richtlinien**
  Als „dynamische Vertragsbestandteile" (vgl. Abschn. 1.5) definieren Richtlinien die zwingend vorgeschriebenen Merkmale und Prozesse.

Formal soll das Handbuch umfassend, übersichtlich, benutzerfreundlich, nutzenorientiert und tagesaktuell sein mit Link zum „Werkzeugkasten". Durch Veränderungen im Umfeld, im Markt, im Netzwerk sowie eigene

Weiterentwicklung muss es regelmäßig angepasst und erweitert werden. Die Dokumentation *lebt*.
Typische Kapitel der *Dokumentation* sind:

1. „Gebrauchsanweisung"
2. Systemzentrale
3. Marktdaten
4. Marketingkonzept
5. Angebot im Markt
6. Corporate Design
7. Controlling
8. Unterstützung der Zentrale

Das Handbuch erhält nicht nur Produkt- und Prozessbeschreibungen, sondern konkretisiert auch Markterschließungsstrategie, Unternehmenskultur und Kooperationsphilosophie. Einzelne Teile des Inhalts sind als „Richtlinien" gekennzeichnet und damit verbindlich.

Da angehende Franchisegeber eher Macher als Schreiber sind, ist das Erstellen der Dokumentation gewöhnlich eine mühsame Aufgabe. Standardisierte Textmodule können das Dokumentieren vereinfachen und beschleunigen. Da das Prinzip des Franchisings weitgehend einheitlich ist, muss der angehende Franchisegeber „das Rad nicht neu erfinden".

Die Know-how-Dokumentation wird gewöhnlich zunächst als Printversion erstellt. Sie ist jedoch so aufgebaut, dass sie onlinefähig ist. Im Zug der Digitalisierung werden Printmedien zunehmend durch digitale Medien ersetzt. Vorteilhaft sind visuelle Botschaften insbesondere hinsichtlich immaterieller Werte, wie Aussehen, Verhalten, Werte, Prozesse und Qualität. So lassen sich Nutzen demonstrieren, Qualitätsanmutung vermitteln und Signale von Kunden darstellen. In Prozessen können visuelle Darstellungen Handlungen steuern, indem sie Ausgangssituationen aufzeigen, Prozessabläufe in Schritten strukturieren, korrekte und falsche Arbeitsergebnisse darstellen sowie Qualitätsmerkmale aufzeigen.

Die zunehmende Digitalisierung hat daher Einfluss auf den Knowhow-Transfer im Rahmen der Schulung (vgl. Abschn. 5.5) und Betreuung (vgl. Abschn. 5.6). Allerdings erfordern auch digitale Medien zunächst eine klare Definition des Inhalts – das „Drehbuch" also. Insofern behält das geschriebene Wort auch im Zeitalter der Digitalisierung einen hohen Stellenwert. Wie auf anderen Feldern kommt es zu einem Nebeneinander der Medien. Auch Fernsehen und Streaming haben nicht das Buch verdrängt. Jedes Medium hat seinen Platz mit jeweils graduellen Vorteilen.

3.4 Serviceteam

Das für Entwicklung und Führung eines Franchisesystems notwendige Know-how erstreckt sich auf ein außerordentlich breites Spektrum. Auf zahlreichen Feldern ist Kompetenz erforderlich (vgl. Abb. 3.2).

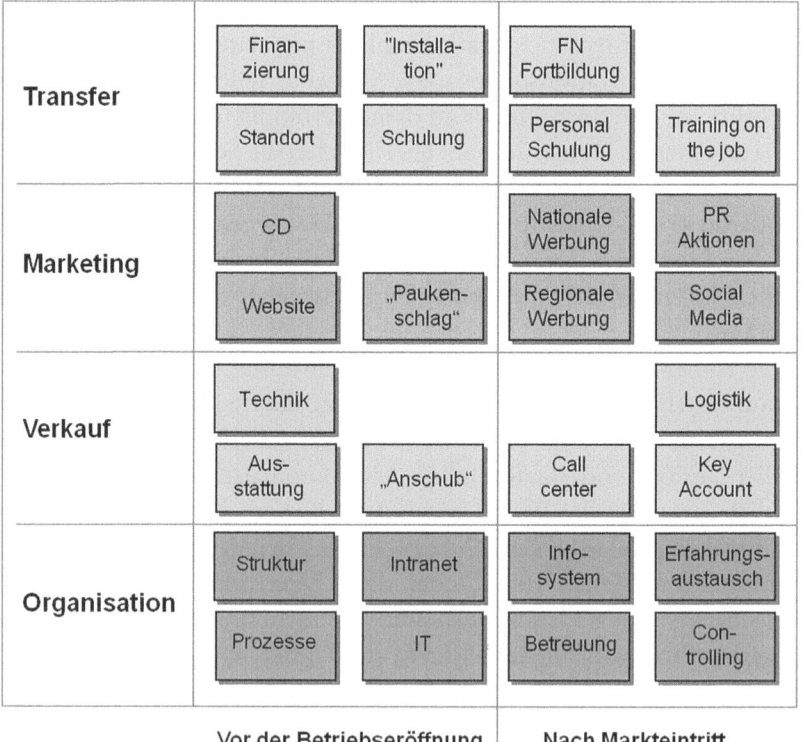

Abb. 3.2 Struktur des Leistungsprogramms

Auf den ständig relevanten Feldern sollte eigenes Expertenwissen in der Systemzentrale vorhanden sein. Als Ergänzung ist ein Kreis von erfahrenen externen Spezialisten erforderlich, die mit dem Geschäftsmodell vertraut sind und bei Bedarf hinzugezogen werden können, in besonderen Fällen auch zur Unterstützung einzelner Franchisenehmer.

Die Zentrale kann also stets auf breite Expertise zurückgreifen, insbesondere auf den Feldern Marktforschung, Standortanalyse, Finanzen, Design, Marketing, Public Relations/Social Media, IT/Internet, Ladengestaltung, Verkaufspsychologie, Einkauf, Logistik, Controlling und Organisation sowie Recht. Das gebündelte Know-how des internen und externen Pools trägt dazu bei, das Marktangebot in *Mehrwerthüllen* zu verpacken, die es sowohl dem Absatzmarkt als auch im Partnermarkt attraktiver machen. Das Prinzip der Vorsprungsmerkmale durch optimierende *Verpackung* gehört zum Wesen des Franchisings (vgl. Abschn. 4.3).

Der Expertenpool steht als Know-how-Quelle nicht nur bei der Entwicklung des Franchisepakets zur Verfügung, sondern begleitet das Franchisesystem *lebenslang* in der permanenten Anpassung an veränderte Umfeldbedingungen und die laufende Perfektionierung.

Ihr Transfer in die Praxis
Wenn Ihre Reaktion auf die bisherigen Fragen positiv war, sollten Sie jetzt klären:

- Ist unser Geschäftsmodell attraktiv im Partnermarkt?
- Ist unsere Marke in allen relevanten Klassen unnachahmlich geschützt?
- Haben wir unser Know-how in transferierbarer Form dokumentiert?
- Stehen uns auf allen relevanten Fachgebieten Experten zur Verfügung?

4

Die Effekte – Wie Wettbewerbskraft entsteht

> **Was Sie aus diesem Kapitel mitnehmen**
> - Sie erhalten einen Einblick in das Wirkungsnetz des Franchisings.
> - Sie lernen, welche Kräfte darauf hinwirken, dass ein Franchisesystem auch im Verdrängungswettbewerb wachsen kann.
> - Sie erfahren, wie ein Franchisesystem Franchisenehmer jahrzehntelang mit hohem Engagement binden kann.

4.1 Wirkungsnetz

Franchising ist eine Verkaufsformel. Es geht darum, denjenigen, die einen Bedarf haben oder haben könnten, dazu zu bringen, *mit dem Kopf zu nicken*. In diesen Prozess, der zum überwiegenden Teil von Angestellten betrieben wird, bringt Franchising unternehmerische Initiative ein. Zwar hat auch der Franchisenehmer Mitarbeiter, aber er ist persönlich *nah dran* und führt sein Personal konsequent.

Ein Franchisesystem ist ein komplexes Gebilde mit einem Geflecht von zielgerichteten Impulsen. Wenn alles ineinandergreift, entsteht

Synergie: Dann ist das Ganze mehr als die Summe der Teile. Nach Ray Kroc, dem Gründer von McDonald's, lautet die Botschaft „None of Us is as Good as All of Us" (www.inspiringquotes.us 2022). Franchising nutzt diesen Effekt konsequent. Wie das im Einzelnen funktioniert, ist verbal schwer zu erklären. Ein Gespür dafür vermittelt Abb. 4.1.

Im dargestellten Wirkungsnetz gehen die Impulse aus von starker Marke, wirkungsvollen Tools und Mannschaftsgeist. Über mehrere Stufen führen sie zu mehr Kunden, mehr Umsatz je Kunde, höheren Gewinnspannen und letztlich zum Gewinn des Franchisenehmers. Das ist (wie bereits erwähnt) das primäre Ziel des Franchisings. Wird es erreicht, ist der Franchisegeber indirekt an seinem eigenen Gewinnziel.

Aus einem anderen Blickwinkel verdeutlichen auch Abb. 4.2, 4.3 und 4.4, wie aus vier Bündeln an Erfolgsfaktoren auf den Feldern Strategie, Markterschließung, Organisation und Beschaffung letztlich Gewinn und Sicherheit entstehen, sowohl bei Franchisenehmer als auch beim Franchisegeber:

Davon abgesehen wirkt Synergie auch bei der Finanzierung der Marktgeltung. Der Franchisenehmer finanziert Aufbau und Durststrecke seines

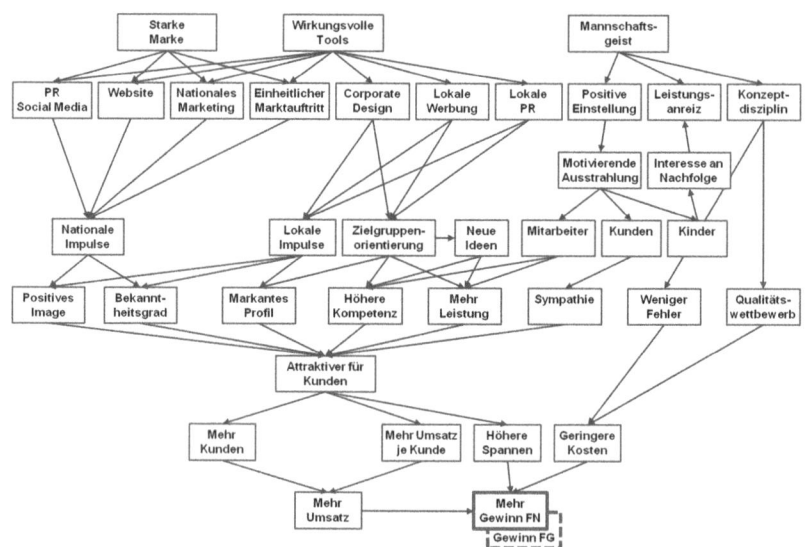

Abb. 4.1 Wirkungsgeflecht des Gewinns

4 Die Effekte – Wie Wettbewerbskraft entsteht

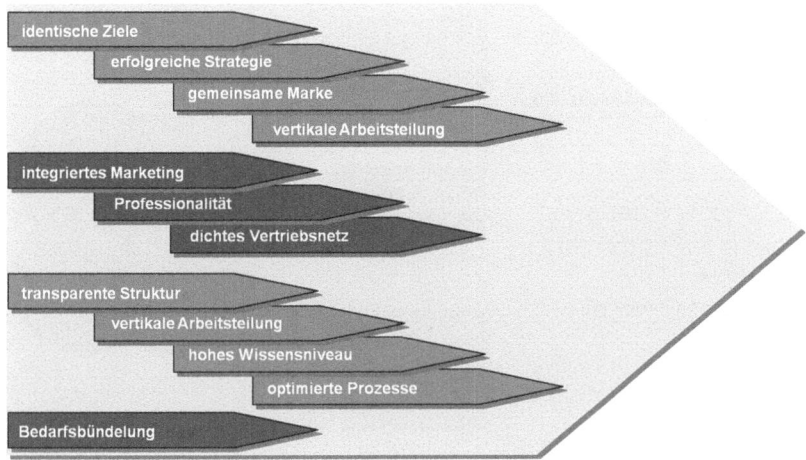

Abb. 4.2 Quellen der Synergie Stufe 1

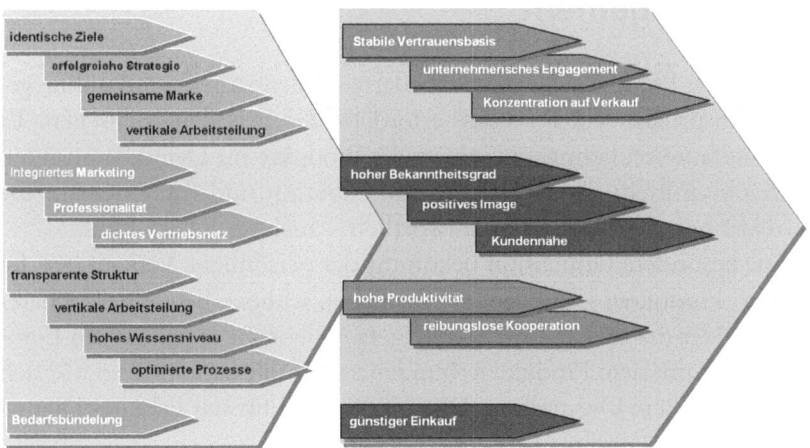

Abb. 4.3 Quellen der Synergie Stufe 2

Betriebs – in vielen Fällen unterstützt durch staatliche Fördermittel. Da alle Aktivitäten unter der Marke des Franchisegebers laufen, trägt der Franchisenehmer dazu bei, für die Marke ein positives Image mit hohem Bekanntheitsgrad aufzubauen. Er schafft Ruf, der einen wesentlichen Teil des immateriellen Kapitals des Franchisegebers ausmacht (vgl. Abschn. 6.6)

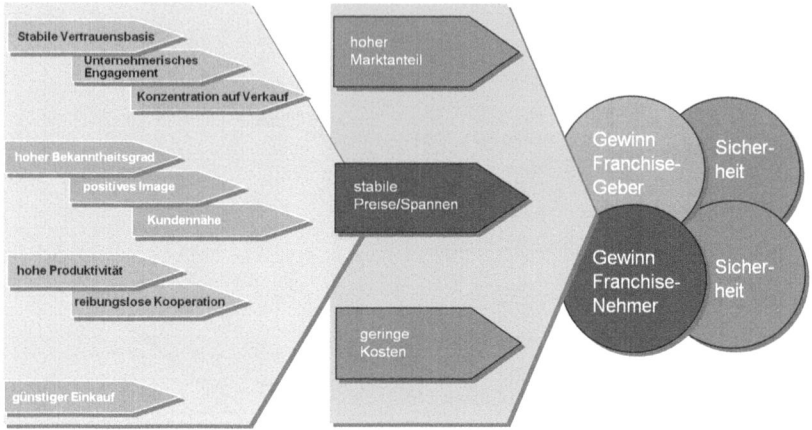

Abb. 4.4 Quellen der Synergie Stufe 3

4.2 Engagement

Problemlose Produkte des Massenbedarfs werden zunehmend online gekauft. Anspruchsvolle Produkte erfordern dagegen den Menschen. Er setzt Kaufanreize, kennt und erklärt die Produkte im Detail, kann ihren Nutzen vermitteln, ist ein Garant für Funktion und fühlt sich für die Zufriedenheit des Kunden verantwortlich – auch nach dem Kauf.

Eine besondere Dimension bekommt der persönliche Verkauf bei „lebenden" Produkten – Dingen, die das Leben schöner, bequemer, sicherer machen oder das soziale Ansehen steigern. Hier geht es primär um Emotionen. Die mit dem Produkt verbundenen Gefühle kann nur ein Mensch vermitteln – kein Onlineshop. Dies gilt generell für das Feld der Dienstleistungen (vgl. Abschn. 1.6).

Im Franchising steht der Mensch im Mittelpunkt: Die Systemzentrale stellt den Franchisenehmer und seine Mannschaft auf eine *Bühne* (vgl. Abb. 4.5).

Jeder auf der Bühne ist eine Persönlichkeit, darf sich individuell präsentieren – ohne Vorgaben. Das Rampenlicht kommt vom intensiven und perfekten Marketing der Zentrale. Der große Auftritt sorgt für höhere Attraktivität, mehr Kaufabschlüsse und bessere Preise. Das ist die „Einnahmenseite" in der Gewinn- und Verlustrechnung (GuV) des Franchisenehmers.

4 Die Effekte – Wie Wettbewerbskraft entsteht

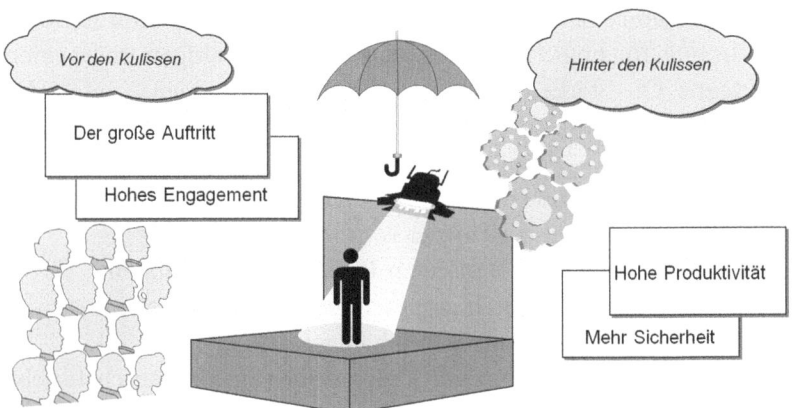

Abb. 4.5 Die Bühne für den Franchisenehmer

Die Ausstrahlung der Persönlichkeit einschließlich gewachsener Kontakte sorgt für intensive Kommunikation. So ist der Franchisenehmer ein markanter Teil des lokalen Geschäftslebens. Abgesehen von gewachsenen Geschäftsverbindungen gewinnt er durch professionelle PR häufig Kontakte zu Multiplikatoren. Durch sein Netz persönlicher Kontakte, oft verbunden mit einer in Generationen gewachsene Reputation der Familie wirkt er als Vertrauensanker für die Marke. Deren Attraktivität strahlt nicht nur auf Kunden aus, sondern gleichermaßen auch auf potenzielle Mitarbeiter. So kann er die Besten auswählen. Engagierte und kompetente Mitarbeiter stärken wiederum den Marktauftritt und festigen den Ruf der Marke.

Hinter den Kulissen arbeiten die Zahnräder nahtlos ineinander. Sie symbolisieren die Perfektion der Abläufe und somit die hohe Produktivität (vgl. Abschn. 4.4). Das Ergebnis schlägt sich nieder auf der Kostenseite der GuV. Den Regenschirm über der Bühne bildet das zeitnahe Monitoring des wirtschaftlichen Erfolgs (vgl. Abschn. 5.8).

Franchising *lebt* von Motivation. Vergleiche im Handel haben ergeben, dass ein Franchisenehmer 10 Prozent mehr Umsatz erzielt und 15 Prozent mehr Rohgewinn erreichen kann als eine Filiale mit angestellten Mitarbeitern. Ursache ist der persönliche Einsatz eines Unternehmers vor Ort. (vgl. Abschn. 1.3)

Abgesehen von einem im Markt attraktiven Angebot kommt somit der größte Impuls für Franchise-Erfolge aus dem nachhaltigen Engagement der Akteure. Die Stärke des Franchisings entsteht in den Köpfen. Die mentalen Module sind:

- langfristige Ziele eines engagierten Unternehmers als Initiator
- tägliches Engagement der Partner vor Ort
- Bereitschaft zu unternehmerischem Risiko bei Investitionen
- starke Vertrauensbasis durch gegenseitige Mitverantwortung
- Gelassenheit durch gegenseitige Abhängigkeit
- positive Grundhaltung durch Erfolgsvorbilder und Mannschaftsgeist

Die Partner im Franchising sitzen in demselben *Boot (vgl. Abschn. 2.2)*. Beide Seiten haben dasselbe Ziel. Das Sprichwort „Wenn einer aufhört zu rudern, treiben beide zurück", gilt hier im besonderen Maß. Diese Erkenntnis stärkt das Vertrauensverhältnis und ermöglicht zugleich die für effizientes Handeln notwendige Transparenz. So entsteht die Voraussetzung für den entscheidenden Faktor „unternehmerisches Engagement".

4.3 „Verpackung"

In zahlreichen Fällen unterscheidet sich das Angebot des Franchisegebers im Absatzmarkt nicht so deutlich von dem der Wettbewerber, dass es erkennbar attraktiver ist (vgl. Abschn. 2.1). Trotzdem ist grundsätzlich Franchising möglich. Allerdings muss es aus angebotsunabhängigen Merkmalen kommen, dem Drumherum. Es muss das eigentliche Marktangebot *einhüllen* in profilierende Elemente und effizienzsteigernde Services (vgl. Abb. 4.6). Dazu gehören neben dem großen Marktauftritt, perfektem Marketing sowie unternehmerischem Engagement insbesondere die Erkenntnisse und Werkzeuge der modernen Betriebswirtschaftslehre. Franchising erschließt Kleinbetrieben ein Instrumentarium, das aus Kompetenz- und Kostengründen sonst nur von großen Unternehmen mit Fachleuten auf allen relevanten Gebieten genutzt wird. Damit bekommen Kleinbetriebe dieselben Chancen wie Konzerne und erreichen ein höheres unternehmerisches Niveau.

4 Die Effekte – Wie Wettbewerbskraft entsteht

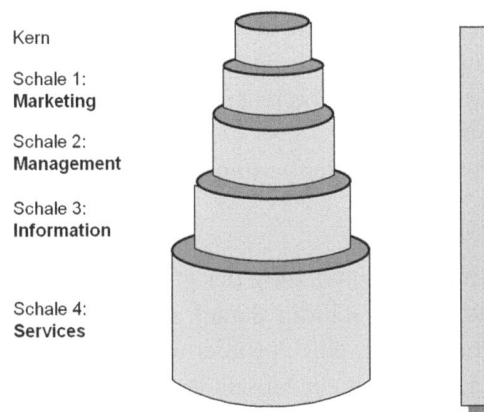

Kern

Schale 1:
Marketing

Schale 2:
Management

Schale 3:
Information

Schale 4:
Services

Services
- Gründungs-Service
- Aufbau-Service
- Marketing-Service
- Einkaufs-Service
- Know-how-Service
- Informations-Service
- Entlastungs-Service
- Sicherheits-Service

Abb. 4.6 Das Serviceprogramm

Auch wenn Vorteile im Absatzmarkt nicht generierbar sind, können Kostenvorteile in Beschaffung und Prozessen dazu beitragen, zumindest im Partnermarkt so viel Attraktivität zu gewinnen, dass engagierte Franchisenehmer bereit sind, sich dem Netzwerk anzuschließen. Dann macht das persönliche Engagement der Partner den Unterschied aus. (vgl. Abschn. 4.2). Ein weltbekanntes amerikanisches Franchisesystem in der Autovermietung drückt das durch den Slogan aus: „We try harder"! (Avis o. J.)

Davon abgesehen sind Franchisesysteme generell qualitätsorientiert. Das gilt für sämtliche Faktoren einschließlich der Mentalität der Akteure. Die wesentlichen Felder sind Unternehmenskultur, Produkt, Marktauftritt, Kundenansprache, Partnerkontakt, Organisationsstruktur, Prozesse, Kooperationsklima und generell die Menschen im Netzwerk. Wird die Wertschöpfungskette feingliedrig strukturiert, ergeben sich gewöhnlich Optimierungspotenziale. Kleine Verbesserungen mögen zwar nur geringen Einfluss auf das Gesamtergebnis haben, in der Summe können viele kleine Impulse aber doch einen spürbaren Vorteil bewirken. Dies bedeutet allerdings intensive Arbeit am Detail.

Ein wichtiger Aspekt ist daher die permanente graduelle Perfektionierung. Sie schafft in zahlreichen namhaften Franchisesystemen Wettbewerbsstärke auch dort, wo das klassische Angebot selbst wenig Profilierungschancen bietet. Anstöße zur laufenden Verbesserung des Marktangebots sowie der Prozesse kommen auch aus folgenden Bereichen:

- regelmäßigen Erfahrungsaustauschtagungen (ERFA)
- themenbezogenen Projektgruppen von Partnern
- qualitätsorientierten Besuchen der Partnerbetreuer vor Ort
- Auswertung von Reklamationen
- permanenten Hinweisen auf Qualitätsorientierung in Partnertreffen/ Schulungen

Wichtig ist allerdings die konsequente Umsetzung der gewonnenen Erkenntnisse. Wenn jeder angehalten ist, ständig darauf zu achten, was noch etwas besser gemacht werden kann, ein Optimierungsbewusstsein implantiert wird, entsteht im Lauf der Zeit ein Mosaik jeweils minimaler Verbesserungen, die in der Summe einen deutlichen Effekt auslösen.

Abgesehen von Schulung und Training (vgl. Abschn. 5.5) wird das unternehmerische Niveau gesteigert durch den größtmöglichen Einsatz von Expertenwissen in der Zentrale (vgl. Abschn. 3.4). Dies äußert sich vor allem durch:

- gezielte Entwicklungsaufgaben zur Perfektionierung
- Standardisieren und Automatisieren ursprünglich personengebundener Leistungen
- ständige Qualitätskontrolle vor Ort durch den Partnerbetreuer
- qualitätsorientierter Wettbewerb innerhalb des Netzwerks
- gegenseitiger moralischer Druck im Imageverbund (Corporate Identity)

Durch Bündelung der finanziellen Ressourcen sowie uneingeschränkte Transparenz und Richtlinienkompetenz kann ein Franchisegeber diese Quellen der Niveausteigerung ausschöpfen.

4.4 Effizienz

Das bereits erwähnte „Fließbandprinzip" der vertikalen Arbeitsteilung (vgl. Abschn. 2.3) steigert in Verbindung mit dem hohen Engagement die Produktivität sämtlicher Prozesse. Hinzu kommt eine höhere Produktivität durch:

- Nutzung moderner Erkenntnisse und Werkzeuge auch in Kleinbetrieben
- Konzentration der Energie auf jeder Ebene auf die eigenen Stärken
- minimale Reibungsverluste in der Logistik von Informationen, Waren und Diensten

Wenn sich in einer arbeitsteiligen Organisation jeder auf das konzentriert, was er an seiner Stelle am besten kann, dann ist der Franchisenehmer der Experte im Kundenkontakt. Er steht ganz vorne im Kanal, hat den unmittelbaren Kontakt zu Interessenten und Kunden. An dieser erfolgsentscheidenden Schnittstelle konzentriert er sich darauf, Kaufinteresse zu wecken, Kaufentscheidungen auszulösen und After Sales Service zu erbringen. Darüber hinaus muss er Mitarbeiter gewinnen, führen und kontrollieren, die genau dieselben Funktionen erfüllen.

Fast alles Andere sind Hilfsfunktionen. Sie können an anderer Stelle besser, schneller, und gebündelt kostengünstiger erbracht werden. Auch beim Erbringen von administrativen Funktionen gibt es einen Skalierungseffekt. Davon abgesehen kann sich ein Franchisesystem nach weitgehendem Netzaufbau teure Experten und Dienstleister für die fortlaufende Optimierung des Geschäftsmodells leisten (vgl. Abschn. 3.4).

Die Bedarfsbündelung gehört zwar als horizontales Element nicht zum Wesen des Franchisings (vgl. Abschn. 1.1), wird in Anbetracht der kumulierbaren Mengen jedoch als zusätzlicher Erfolgsquelle „mitgenommen". Ein klassisches Beispiel sind Versicherungspakete, die auf die speziellen Risiken des Geschäftsmodells abgestimmt und zentral mit einer Versicherungsgesellschaft verhandelt werden. Hier liegt der Vorteil nicht nur in günstigeren Konditionen, sondern auch in der größeren Durchsetzungschance im Schadensfall.

4.5 Sicherheit

Kleinunternehmer gelten als Rückgrat der Wirtschaft. Im Wettbewerb mit national aktiven Anbietern, Onlineshops und auch ständig wachsenden Franchiseketten schwinden jedoch ihre Chancen. Als Mitglied im

Team eines Franchisesystems können Sie dagegen alle Ressourcen nutzen, die auch den Großen zur Verfügung stehen. Dazu gehört auch die zeitnahe Verfolgung der wirtschaftlichen Ergebnisse, insbesondere im Vergleich anderen Betrieben (vgl. Abschn. 5.8). So entsteht der *Regenschirm* (vgl. Abschn. 4.2). Die Systemzentrale lässt ihre Partner *nicht im Regen stehen*. Ihr Ziel sind leistungsfähige und *gesunde* Unternehmer vor Ort.

Sicherheit bietet dem Franchisenehmer die Marke. Da sie unter der *Flagge* des Franchisegebers *segeln* und der Ruf der Marke unverzichtbar ist (vgl. Abschn. 3.2) sowie einen hohen Wert darstellt (vgl. Abschn. 6.6), kann der Franchisegeber seine Franchisenehmer aus purem Egoismus nicht vernachlässigen oder gar untergehen lassen. Daher kann es durchaus vorkommen, dass in einer Notlage vor Ort der jeweilige Partnerbetreuer auch mal als „*Feuerwehr*" einspringt und vorübergehend kommissarisch den Betrieb führt. Die gemeinsame Marke verbindet Geber und Nehmer zu einer wirtschaftlichen Schicksalsgemeinschaft. Das schafft eine starke Vertrauensbasis.

Wenn dem Franchisenehmer dieser Zusammenhang bewusst ist, wird er sich vorbehaltlos offenbaren und denkbare Gefahren in einem frühen Stadium mit seinem Betreuer besprechen. Dann gibt es auch keine verschlossenen Schubladen. Beide ziehen an einem Strang!

4.6 Expansion

Franchising ist ein Multiplikator. Wenn alles passt, kommt nach erfolgreicher Markteinführung irgendwann der Punkt, an dem auch im Partnermarkt ein Nachfragesog entsteht. Jeder Franchisenehmer hat in der Regel sein geschütztes Gebiet (vgl. Abschn. 1.5). Die Landkarte kann nur einmal vergeben werden. Daher kann der Wunsch, den vertrauten Heimatmarkt zu belegen, durchaus zur Beschleunigung der Expansion beitragen.

Voraussetzung für Expansion in einer Spirale sind die Vorsprungsmerkmale (vgl. Abschn. 2.1) im Absatzmarkt (Abb. 4.7). Sind Sie gegeben, ist auch das Geschäft des Franchisenehmers gewinnbringend. Betreibt er es unter einer renommierten Marke, fällt es ihm zudem leichter,

4 Die Effekte – Wie Wettbewerbskraft entsteht

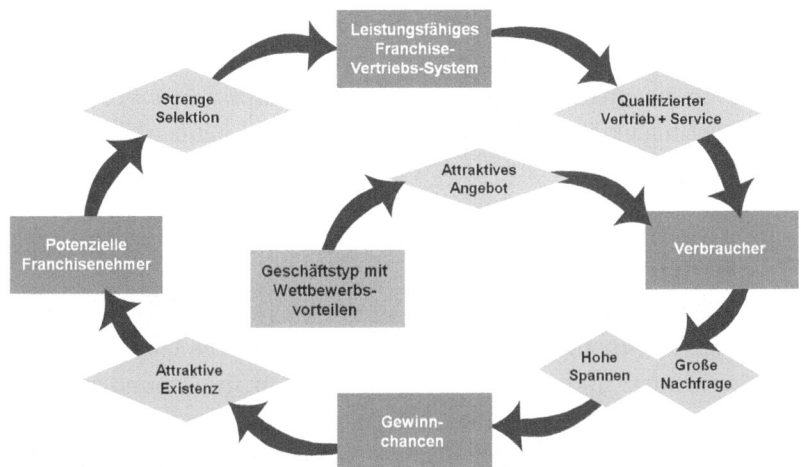

Abb. 4.7 Eigendynamische Expansion

engagierte Mitarbeiter zu gewinnen. Motiviertes Personal prägt das Geschäftsklima, strahlt aus auf Interessenten und Kunden.

Erfolgreiche Franchisenehmer sind ein Renommee für den Franchisegeber. So fällt es ihm leichter, neue Franchisenehmer zu gewinnen und im Markt weiter zu expandieren. Dadurch steigt zugleich der Bekanntheitsgrad der Marke. Das erkennbare Engagement der Franchisenehmer und ihres Personals vor Ort fördert den Ruf der Marke. So unterstützt ein Impuls den anderen.

Allerdings kann die Eigendynamik der Spirale auch in negativer Richtung wirken. Das geschieht dann, wenn Kunden unzufrieden sind, desillusionierte Mitarbeiter eine abweisende Atmosphäre verbreiten, wirtschaftlichen Erfolge auf breiter Front ausbleiben, Franchisenehmer um den Bestand ihres Betriebs fürchten. Dann kann es durchaus vorkommen, dass es unter Franchisenehmern *gärt*. In dieser Stimmung kann es außerhalb des Netzwerks zu einem inoffiziellen Erfahrungsaustausch kommen, der nach emotionaler Eskalation auch zu konspirativen Ambitionen führen kann. Das kann durchaus das Ende eines Franchisesystems sein.

Störungen im Kooperationsklima sind in einer Partnerschaft grundsätzlich nicht auszuschließen. Entscheidend für die Expansionsspirale sind daher Bindungskräfte. Sie entstehen durch Leistungen, die von den

Franchisenehmern auf Dauer als wertvoll und nützlich empfunden werden. Die rein formalen Bindungen des Vertrags sind weitgehend wertlos, wenn durch ein unausgewogenes Leistungsverhältnis oder andere Konflikte Zentrifugalkräfte entstehen und sich die Energien der Partner gegeneinander richten, statt auf den Markt.

4.7 Bindung

Manchmal glauben angehende Franchisegeber, dass die Unterschrift des Franchisenehmers unter dem Vertrag einen langfristig gebundenen Vertriebspartner bedeutet. Das mag bei einem Verkauf oder einem langfristigen Vertrag für eine simple Dienstleistung gelten. Für einen Partnerschaftsvertrag zum Aufbau einer Existenz für die Familie, zum Einstieg in einen unbekannten Markt oder zur Zukunftssicherung eines konventionellen Geschäfts gilt es nicht. Wenn der Franchisenehmer am Tag nach der Unterschrift zu der Erkenntnis kommt, einen Fehler begangen zu haben, ist die *Ehe* zwischen zwei Unternehmern gescheitert.

Aber auch im Verlauf der Partnerschaft können Zentrifugalkräfte entstehen. Zu Beginn war der (möglicherweise branchenfremde) Partner unerfahren, hilfsbedürftig, beeindruckt von der Kompetenz der Zentrale und der Dynamik des Netzwerks. Nach einigen Jahren ist er mit Unterstützung der Systemzentrale erfolgreich, unternehmerisch mutig und selbstbewusst geworden. Als er in der Aufbauphase umfangreiche Unterstützung erhielt, waren sein Umsatz und somit seine Franchisegebühren gering. Wenn er sich in seinem Markt etabliert hat, muss er aufgrund seines höheren Umsatzes höhere Gebühren zahlen. Zugleich schwindet der gefühlte Nutzen aus der (inzwischen reduzierten) Unterstützung der Zentrale. In dieser Situation kann durchaus Frust hinsichtlich der Partnerschaft entstehen (vgl. Abb. 4.8)

Ohne stabile und nachhaltige Motivation ist Franchising nicht möglich. Wenn Partnerschaft lange, Jahre oder sogar Jahrzehnte halten soll, bedarf es anderer Bindungen (vgl. Abb. 4.9), wie zum Beispiel:

- exklusive Bezugsrechte geschützter und begehrter Produkte
- exklusive Nutzungsrechte einer starken Marke
- funktionale Abhängigkeit durch Arbeitsteilung in Kernfunktionen

4 Die Effekte – Wie Wettbewerbskraft entsteht

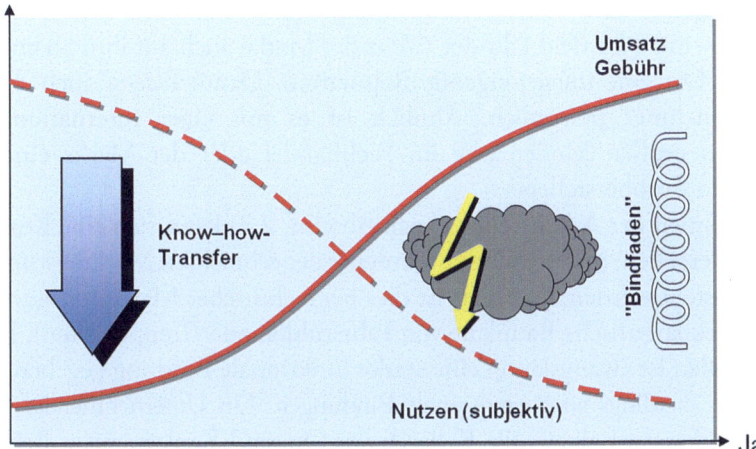

Abb. 4.8 Wie Zentrifugalkräfte entstehen. (Aus Boehm 2020; mit freundlicher Genehmigung von Springer Fachmedien Wiesbaden GmbH 2020. All Rights Reserved)

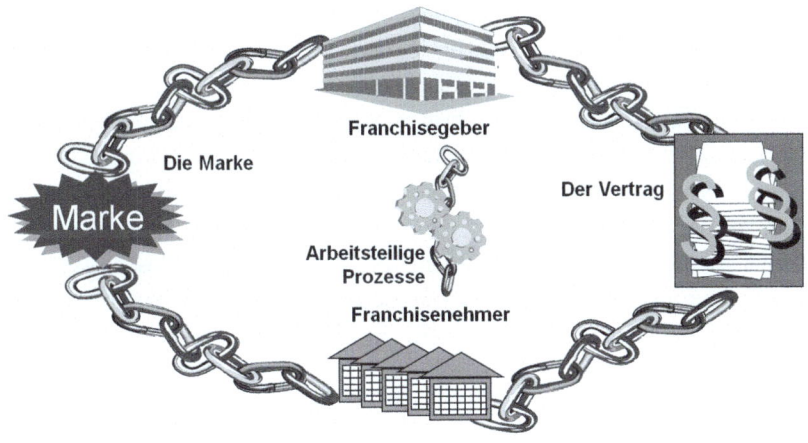

Abb. 4.9 Die Klammeren der Partnerschaft

- Geborgenheit in einem zukunftssicheren *Team*
- soziale Anerkennung als Repräsentant eines namhaften Unternehmens

Beim Vertrieb hochwertiger, mit Schutzrechten wie Patenten oder Designschutz versehenen Produkten (z. B. Medizintechnik, optische Geräte) ist das exklusive Vertriebsrecht für den Franchisenehmer eine *sichere Bank*. In seinem Umfeld fällt der *Glanz* der Marke auch auf ihn. So entsteht vor Ort eine imageprägende Reputation. Damit *wächst* auch der Franchisenehmer persönlich. Ähnlich ist es mit einer international bekannten großen Modemarke im Fachhandel oder der Marke eines namhaften Autoherstellers.

Im Rahmen der Arbeitsteilung (vgl. Abschn. 2.3) kann sich eine Konstellation ergeben, in der wichtige Elemente der erbrachten Marktleistung zentral erstellt werden. Denkbar ist dies bei technischer Maßanfertigung (z. B. objektspezifische Baupläne von Fahrstühlen oder Treppenliften). In diesen Fällen ist zwangsläufig eine starke funktionale Bindung gegeben.

Es gibt allerdings auch emotionale Bindungen. Ein Unternehmer ist in fachlichen Fragen isoliert. Alle Kollegen vor Ort sind Konkurrenten. Beim Erfahrungsaustausch oder in der Jahrestagung seines Franchisesystems kann er dagegen seine Erkenntnisse, Gedanken, Sorgen frei aussprechen und zur Diskussion stellen. Alle sind Kollegen, aber keiner ist Konkurrent.

Auch ein anspruchsvoller, hochwertiger und stetig optimierter Internetauftritt kann ein wirkungsvoller *Bindfaden* sein. Zwar hat jeder Franchisenehmer rechtlich Anspruch auf eine eigene Website (vgl. Abschn. 1.4), aber in der Regel kann der Franchisegeber seine Partner davon überzeugen, dass eine gemeinsame Website allen Vorteile bringt. Voraussetzung ist natürlich, dass der Franchisenehmer mit seinem lokalen Geschäft werbewirksam integriert ist.

Kritischer ist es, wenn der Franchisegeber als Multi-Channel-Anbieter einen eigenen Webshop betreibt, damit also Wettbewerber seiner Franchisenehmer ist. Aber auch dieses Problem lässt sich konstruktiv lösen, wenn die Franchisenehmer für den zentral generierten Umsatz in ihrem Gebiet angemessene Provisionen erhalten oder in der Folge Serviceleistungen erbringen können.

> **Ihr Transfer in die Praxis**
> Im nächsten Schritt ist zu prüfen, ob Ihr Konzept die für Franchising typischen Effekte auslösen kann. Stellen Sie sich dazu bitte folgende Fragen:
>
> - Wissen wir, was die Franchisenehmer dauerhaft motiviert?
> - Haben wir ein erprobtes multimediales Marketingkonzept?
> - Gibt es Ansatzpunkte zur Perfektionierung des Marktangebots?
> - Hat unser Geschäftsmodell erschließbare Produktivitätspotenziale?
> - Kennen wir aussagefähige Indikatoren für die Leistungsfähigkeit der Betriebe?
> - Haben wir Vorstellungen von den *Bindfäden* der geplanten Partnerschaft?

Literatur

Avis (o. J.) Avis feiert rundes Jubiläum auf dem deutschen Markt. Wir möchten Revue passieren lassen, wie alles begann. www.avis.de/ueberavis/50-jahre-avis-deutschland. Zugegriffen am 25.08.2022

Boehm H (2020) Praxiswissen Franchising. Springer Gabler, Wiesbaden

www.inspiringquotes.us (2022) Ray Kroc Quotes and Sayings – Page 1. https://www.inspiringquotes.us/author/2127-ray-kroc. Zugegriffen am 25.08.2022

5

Der Systemkopf – Welche Aufgabe die Zentrale hat

Was Sie aus diesem Kapitel mitnehmen
- Sie erhalten eine Vorstellung davon, was auf Sie zukommt, wenn Sie sich entscheiden, Franchisegeber zu werden.
- Sie erfahren, mit welchen konkreten Dienstleistungen die Zentrale die Partner vor Ort unterstützt.
- Sie lesen, welche Herausforderung es bedeutet, eine große Zahl selbstständiger Unternehmer über lange Zeit zu steuern.

5.1 Mission

Die Systemzentrale ist ein Unternehmen besondere Art. Ihr Leistungsprogramm ist die Umsetzung des Franchisepakets (vgl. Kap. 3). Dazu gehört alles, was der Franchisenehmer neben seinem eigenen Einsatz braucht, um erfolgreich zu sein. Wesentliche Bestandteil sind die Vorsprungsmerkmale des Geschäftsmodells (vgl. Abschn. 2.1).

Mit dem Produktversprechen im Partnermarkt „Gewinn und Sicherheit" bei großen Marken noch ergänzt durch „soziales Ansehen" ist die Zielsetzung der Systemzentrale klar umrissen. Sie muss den Franchisenehmer erfolgreich machen und auf Erfolgskurs halten – über die gesamte Laufzeit des Vertrags. Die Aufgabe der Zentrale umfasst daher ein weites Spektrum. In der Praxis besteht allerdings eine beträchtliche Variationsbreite (vgl. Abschn. 7.2).

In ihrer Rolle ist die Systemzentrale in klassische Strukturen nicht einzuordnen. Sie erfüllt Aufgaben auf allen Stufen der gesamtwirtschaftlichen Wertschöpfungskette. Die Zentrale ist:

- **„Gehirn":** Sensor, Stratege, Tester und Dirigent
- **Hersteller:** Designelemente/Werbemittel/Formulare, Spezialsoftware
- **Großhändler:** allgemeine Gebrauchs- und Verbrauchsgüter/ Hilfsmittel
- **Einzelhändler/Dienstleister für Kunden:** Pilotfilialen
- **Dienstleister für Partner:** Marktforscher, Designer/Ladenbauer, Betriebsberater/Coach, Dozent/Trainer/Seelsorger/Werbeagentur/PR-Agent/Webdesigner, Rechenzentrum/IT-Spezialist/Qualitätsprüfer/Controller/Versorger (Investitionsgüter, Handelsware, Versicherungen, Dienstleistungen Dritter)

De facto ist die Zentrale eine *Fabrik* für *weiche* Erfolgsfaktoren. Bei Dienstleistungskonzepten gehört zu ihren Aufgaben auch die Entwicklung und fortlaufende Optimierung der im Absatzmarkt angebotenen Leistung. Beim Produktvertrieb oder Warenhandel ist dagegen der fachliche Bereich nicht Aufgabe der Systemzentrale. Sie erfordert andere Kompetenzen als im klassischen Geschäftsfeld. Daher ist es vorteilhaft und üblich, Franchising einerseits sowie Produktion oder Warenhandel andererseits jeweils separat zu organisieren. Es sind zwei Welten, in der jeder Akteur besser ist, wenn er sich auf seine Kernkompetenz konzentriert. Deutlich wird das an dem in Abb. 5.1 dargestellten Beispiel eines Herstellers (vgl. Abschn. 8.1), der nach Jahrzehnten klassischen Vertriebs über den Großhandel parallel ein Franchisesystem installiert hat. Beide agieren nebeneinander und befruchten sich gegenseitig.

Somit gibt es zwei *Fabriken*: eine für das materielle Geschäft und eine für die *weichen* Elemente des Franchisings.

5 Der Systemkopf – Welche Aufgabe die Zentrale hat

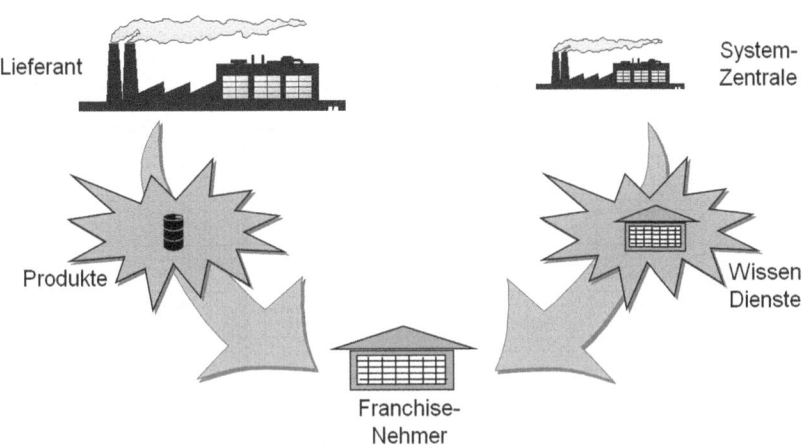

Abb. 5.1 Eine „Fabrik" für Erfolgsfaktoren

Jedes Projekt beginnt auf dem Papier (oder im PC), wie beim Architekten der Hausbau. Grundlage für die Tätigkeit der Systemzentrale ist daher ein detailliertes Konzept, in dem alle Aspekte des Geschäftsmodells und des Kooperationssystems detailliert geplant sowie aufeinander abgestimmt werden. Im Rahmen des Franchisedesigns wird dabei auch das Zusammenwirken hinsichtlich der angestrebten Synergie simuliert (vgl. Abb. 5.2).

Voraussetzung für den Netzaufbau ist ein im Markt erfolgreich eingeführter Betrieb mit positiven Perspektiven. Der angehende Franchisegeber muss fundierte Erfahrungen auf der Ebene der künftigen Franchisenehmer besitzen. (vgl. Abschn. 3.1). Auf dieser Basis ist dann eine Systemzentrale zu gründen, im Produktvertrieb und Sortimentshandel oft als eigene Gesellschaft. Ihre Aktivitäten erstrecken sich nicht nur auf zwei Märkte (vgl. Abschn. 2.2), sondern auch auf mehrere Stufen der Systementwicklung mit jeweils unterschiedlichen Anforderungen (vgl. Abb. 5.3).

In der ersten Stufe besteht die Aufgabe der Zentrale darin, das Franchisepaket zu entwickeln (vgl. Kap. 3). Danach ist in der zweiten Stufe das in Pilotbetrieben erfolgreich getestete Modell zu multiplizieren. Die Systemzentrale muss Franchisenehmer finden, die einem strengen Anforderungsprofil entsprechen. Nach der Rekrutierung der Partner be-

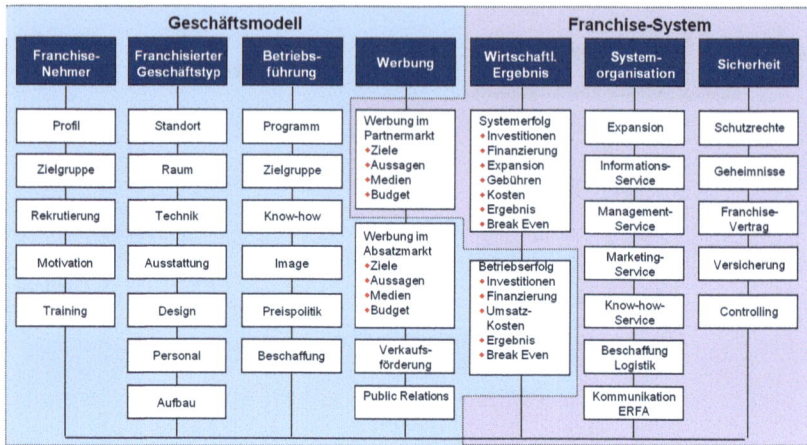

Abb. 5.2 Die Grundlagen. (Aus Boehm 2020; mit freundlicher Genehmigung von Springer Fachmedien Wiesbaden GmbH 2020. All Rights Reserved)

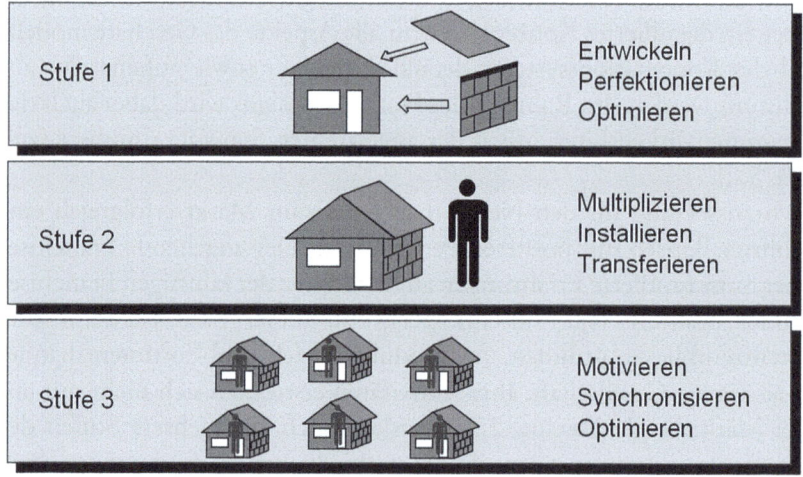

Abb. 5.3 Die Aufgaben der Zentrale

steht die wesentliche Aufgabe der zweiten Stufe einerseits im Know-how-Transfer, andererseits in der schlüsselfertigen Installation der Betriebe

einschließlich Eröffnung. Die dritte Stufe ist das eigentliche Systemmanagement – die permanente Partnerbetreuung (vgl. Abschn. 5.6).
Im Einzelnen besteht also die Wertschöpfung der Systemzentrale in einer breiten Leistungspalette, insbesondere:

- Design des Geschäftsmodells
- Erprobung/Optimierung in Pilotbetrieben
- Entwicklung von Konzeption und Tools
- Dokumentation und Transfer des Know-hows
- Erwerb und Sicherung von Schutzrechten für die Marke/Design/Urheberrechten
- Potenzialorientierte Planung des Netzwerks
- Suche/konzeptorientierte Selektion der Partner
- Schlüsselfertiger Aufbau der Partnerbetriebe
- Grundschulung/Fortbildung der Partner und Mitarbeiter
- Versorgung der Partner mit Ausstattung/Handelsware/Dienstleistungen
- Entlastende Dienstleistungen für Nebenfunktionen
- Laufende betriebswirtschaftliche Beratung
- Regelmäßiger Erfahrungsaustausch
- Erfolgsmonitoring im Betriebsvergleich
- Qualitätssicherung
- Koordination des Netzwerks
- Generieren von Einkaufsvorteilen
- Zukunftssichernde Weiterentwicklung

Dieser Aufgabenkatalog verdeutlicht den Software-Charakter des Leistungsspektrums und damit zugleich die Anforderungen an die Mitarbeiter der Zentrale.

5.2 Marketing

Im modernen Markt erreicht das Spektrum des Marketings Dimensionen, die es einzelnen Partnern nicht mehr erlauben, „auf dem gesamten Klavier zu spielen". In ihrer Rolle als Erfolgsdienstleister kümmert sich die Zentrale daher um sämtliche Marketingfunktionen vor Ort – wie in einem Filialsystem. Der Marketingservice beginnt mit der Unterstützung bei der Standortanalyse. Sobald das Geschäftslokal angemietet ist, werden Fassade und Schaufenster (soweit relevant) sowie die Räume systemkonform gestaltet. Alle Einrichtungs- und Ausrüstungsgegenstände sowie die Technik werden installiert. Im Rahmen der Einführungsschulung werden Unternehmensphilosophie und Marketingkonzept den Franchisenehmer und seinen Mitarbeitern vermittelt.

Bereits zur Eröffnung eines neuen Betriebs sorgen Verkaufsförderer der Zentrale dafür, dass der Franchisenehmer schnell *auf Touren* kommt. Eine regionale Werbekampagne weist schon vor dem Start auf den neuen Standort hin. Die Eröffnung wird von der Zentrale als Event geplant und organisiert – in USA „Grand Opening" genannt. Soweit sinnvoll, sind regionale Medien und Vertreter der Verwaltung eingeladen – in kleineren Orten der Bürgermeister. Parallel wird die Eröffnung als Indiz für die Wachstumskraft des Netzwerks auch über die gemeinsame Website publiziert.

Generell haben die Internetaktivitäten einen hohen Stellenwert im Marketing eines Franchisesystems. Anfragen über die gemeinsame Website werden an einzelne Partner weitergeleitet, soweit nicht eine Direktlieferung mit Provisionen für den zuständigen Partner erfolgt (vgl. Abschn. 1.5). Aktivitäten der Zentrale und der einzelnen Partner in den sozialen Netzwerken werden konsequent abgestimmt und von zentralen Experten unterstützt.

Das integrierte Marketing macht deutlich, wie aus dem ursprünglichen Verständnis des Franchisings „Ich zeige dir, wie man's macht" ein Miteinander wird: „Wir machen es gemeinsam". Das ist zugleich der Unterschied zwischen dem klassischen Business-Format-Franchising und der Soft-Variante (vgl. Abschn. 7.2).

5.3 Netzaufbau

Franchising ist ein Multiplikator, zügige Expansion ein Wesensmerkmal. Es genügt daher nicht, ein erfolgversprechendes Geschäftsmodell zu entwickeln und die Akzeptanz im Markt zu testen (vgl. Abschn. 3.1). Die eigentliche Aufgabe der Systemzentrale besteht darin, mit Nachdruck möglichst schnell ein marktweites Netz aufzubauen. Erfolgsentscheidende Voraussetzung ist die sorgfältige Auswahl der Partner. Jede Fehlentscheidung bei der Wahl bedeutet *Sand im Getriebe* und gefährdet die weitere Expansion.

Im konvertierenden Franchising (vgl. Abschn. 7.3) ist die Rekrutierung planbar, können potenzielle Partner identifiziert und gezielt angesprochen werden. Davon abgesehen bleibt jedoch die Expansion weitgehend dem Zufall der Rekrutierungserfolge auf dem Partnermarkt überlassen. Auch dort herrscht Wettbewerb. Marktplatz sind insbesondere:

- Plattform des Deutschen Franchiseverbands sowie kommerzielle Plattformen
- Franchisemesse, Fach- und Gründermessen (oft regional)
- soziale Medien
- Fachzeitschriften, Tageszeitungen, redaktionelle Beiträge in Medien

Vorteilhaft für eine effiziente Partnerwerbung ist eine spezielle interaktive Rekrutierungswebsite.

Grundsätzlich ist es dem Franchisegeber freigestellt, geschützte Verkaufsgebiete zu vereinbaren (vgl. Abschn. 1.5). Es war in den letzten Jahrzehnten die Regel, wird aber im Sinn eines gewollten *sanften* Wettbewerbs zwischen benachbarten Franchisenehmern zunehmend aufgegeben. Aber auch dann geht die Systemzentrale bei der Netzplanung zunächst von Gebieten mit möglichst gleichem Potenzial aus. Die Grenzen zwischen den benachbarten Partnern bilden sich dann in der Praxis heraus, begleitet durch den gemeinsamen Partnerbetreuer.

Die Begrenzung des Aktionsfelds soll den Franchisenehmer veranlassen, das Potenzial in der Tiefe auszuschöpfen und nicht seine Energie in Randgebieten zu vergeuden. Es geht um die Konzentration auf das Wesentliche: intensive und effiziente Markterschließung – also hohen Marktanteil und die Führungsrolle im jeweiligen *Revier*.

Daher ermittelt die Zentrale zunächst auf Basis des Businessplans für den typischen Franchisebetrieb einerseits und aussagefähigen statistischen Daten andererseits die Zahl der insgesamt wirtschaftlich möglichen

Verkaufsgebiete. Im nächsten Schritt werden die sinnvoll erscheinenden Gebiete geografisch definiert. Dies ist zunächst eine Vision als Planungshilfe. Die Realität sieht später oft anders aus.

Gewöhnlich stellt die Zentrale einen Expansionsplan mit Prioritäten auf. Da die ersten Franchisenehmer besonders intensiv betreut werden müssen, sind gerade in der Startphase Partner in räumlicher Nähe zur Zentrale vorteilhaft. Aber dieses Ziel bleibt oft Illusion. Wenn sich weit entfernt ein Interessent meldet, der perfekt zum Anforderungsprofil passt, wird man die Chance nicht verstreichen lassen. So entsteht erfahrungsgemäß vom Start an ein ausgedehntes dünnmaschiges Netzwerk. Trotz digitaler Medien sind häufige und weite Reisen der Betreuer unvermeidbar.

Zügiges Wachstum ist eine Mammutaufgabe, an der zahlreiche junge Franchisesysteme scheitern. Hier gilt „Klotzen statt Kleckern" (vgl. Abb. 5.4). Das erfordert jedoch Kapital und engagierte Mitarbeiter in der Zentrale.

Der Franchisegeber muss also vom ersten Tag an eine Mindestkapazität vorhalten. Dazu gehören neben dem Initiator ein Assistent im Innendienst sowie Partnerrekrutierer und -betreuer. Zugleich muss gerade diese Mini-Systemzentrale von Anfang an durch bewährte externe Kapazität auf allen wesentlichen Feldern ergänzt werden, wie Standortanalysen, Businessplan, Förderung, Training, Ladengestaltung, Eröffnungsveranstaltung, Internet, lokale und regionale Medienwerbung sowie Werbemittel.

Erfahrungsgemäß entsteht in der Startphase ein finanzieller Engpass. Der Umsatz des Franchisegebers besteht weitgehend aus Gebühren (vgl. Abschn. 6.3). Sie hängen vom Umsatz der Franchisenehmer ab. Sind erst wenige Partner vorhanden und die meisten noch in der Startphase mit vermindertem Umsatz, sind die Einnahmen der Systemzentrale gering. Bis ihre Fixkosten gedeckt sind, entsteht eine beträchtliche *Durststrecke*. Oft wird die Gewinnschwelle erst ab 20 oder 30 Standorten erreicht (vgl. Abb. 5.5).

Die *Durststrecke* ist das größte Problem junger Franchisesysteme. Sie ist häufig im Businessplan nicht realistisch geplant. Viele angehende Franchisegeber sehen die Investitionen vorwiegend in den Honoraren für Patentanwalt, Franchiseberater und Franchiseanwalt. In der Praxis ist dagegen die *Durststrecke* die bei weitem größte Position im Kapitalbedarf.

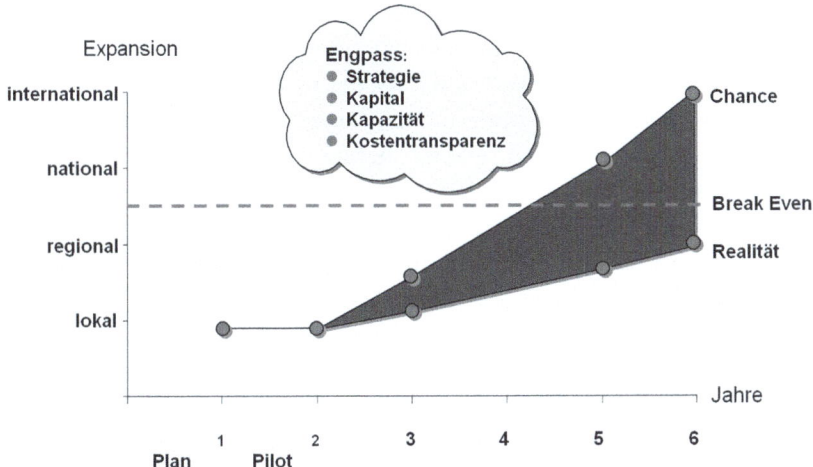

Abb. 5.4 Netzaufbau: Chance und Realität. (Aus Boehm 2020; mit freundlicher Genehmigung von Springer Fachmedien Wiesbaden GmbH 2020. All Rights Reserved)

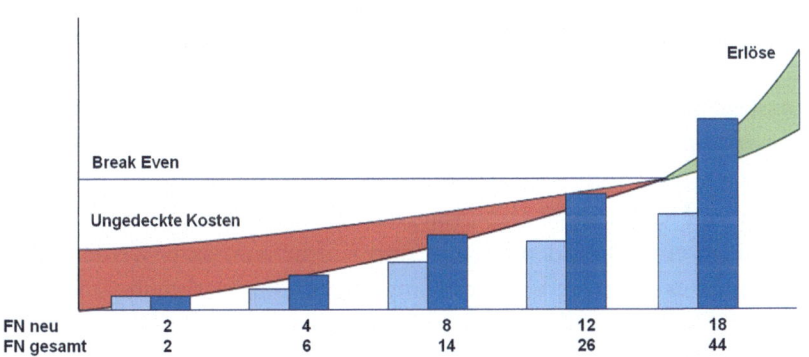

Abb. 5.5 Die Durststrecke. (Aus Boehm 2020; mit freundlicher Genehmigung von Springer Fachmedien Wiesbaden GmbH 2020. All Rights Reserved)

Da sie vom Rekrutierungserfolg im Partnermarkt abhängt, ist ihre Größenordnung allerdings schwer kalkulierbar. Jeder angehende Franchisegeber sollte daher in seinem eigenen Businessplan auch über ein Worst-Case-Szenario hinsichtlich der Expansion nachdenken.

In der ersten Euphorie wird dieses Risiko von Initiatoren oft übersehen. Dann kann es vorkommen, dass junge Franchisesysteme jahrelang kaum wachsen – teilweise auch wieder untergehen. Das trifft nicht nur den Franchisegeber, sondern auch seine Partner, die auf ein sicheres Geschäft im Verbund gesetzt haben und alleine kaum überleben können.

Davon abgesehen sind *schleichende* Franchisenehmer in der Startphase kein Renommee bei der Rekrutierung weiterer Partner. Die ersten Franchisenehmer müssen *Zugpferde* für die Folgenden sein. Ihr Erfolg ist der *Track Record* für den Erfolg des Geschäftsmodells. Im Rahmen der vorvertraglichen Aufklärung (vgl. Abschn. 1.4) muss der Franchisegeber Interessenten umfassend über die bisherige Entwicklung des Netzwerks informieren, ihnen Gelegenheit geben, mit Franchisenehmern zu sprechen. So können Anlaufschwierigkeiten bereits installierter Franchisebetriebe leicht zu einer Kettenreaktion führen, die den weiteren Ausbau des Netzwerks beeinträchtigt.

Der primäre Markt ist zunächst der Heimatmarkt, im Allgemeinen der deutschsprachige Kulturraum. Deshalb werden häufig auch Franchisenehmer aus der Schweiz, Österreich und Südtirol gleichrangig nach deutschem Recht in das Netz integriert. Abgesehen von der Sprache sind auch die Verbrauchsgewohnheiten, Marktbedingungen und Gesetze ähnlich.

Echte internationale Expansion sollte erst dann beginnen, wenn das System im Heimatmarkt stabil integriert ist und von dieser starken Position aus in einen fremden Sprach- und Kulturraum aktiv werden kann. Dann geht es um neue Umfeldbedingungen. Um Marktnähe und mentale Nähe sicherzustellen, ist jeweils eine nationale Zentrale einzurichten, alternativ als eigene Tochtergesellschaft oder als Zentrale eines Master-Franchisenehmers (vgl. Abschn. 7.1)

5.4 Versorgung

In Geschäftsmodellen des Produktvertriebs und des Handels mit einem Warensortiment liegt die Beschaffung im Rahmen der Arbeitsteilung beim Franchisegeber. In der Regel führt der Franchisenehmer ausschließlich und vollständig das Programm des Franchisegebers. Zur Anpassung an regionale Gegebenheiten ist ihm teilweise die begrenzte Aufnahme fremder Sortimentsteile gestattet, soweit sie mit dem Angebot des Franchisegebers kompatibel sind und von der Zentrale genehmigt wurden.

Die Versorgung der Franchisenehmer erfolgt entweder direkt vom Franchisegeber über ein Zentrallager oder über das Streckengeschäft der einzelnen Lieferanten. In diesem Fall hat der Franchisegeber mit den Lieferanten Rahmenverträge abgeschlossen. Die Franchisenehmer beziehen dann unmittelbar von Lieferanten. Die Abrechnung erfolgt über die Systemzentrale.

Das Prinzip der Rahmenverträge bezieht sich nicht nur auf Handelsware, sondern auch auf anderen materiellen und immateriellen Bedarf der Franchisenehmer sowie unterstützende Dienstleistungen, Fremdkapital und Versicherungen, Fahrzeuge, Laden- und Büroausstattung, IT-Hardware und -Software, Designelemente, Werbemittel, regionale Werbung/Verkaufsförderung, Geschäftspapiere, Berufskleidung, Logistikdienstleitungen, Kommunikationsdienste und Buchhaltungsservice. Letztlich bündelt die Zentrale alles, was den einheitlichen Marktauftritt fördert, Qualitätsstandards sicherstellt, den Franchisenehmer entlastet und Mengenkonditionen generiert.

Was grundsätzlich für Handelsware gilt, trifft also generell auch bei Rohstoffen, Gebrauchs- und Verbrauchsgütern zu. Soweit sie Einfluss auf die Qualität oder die Effizienz von Prozessen haben, werden sie entweder vom Franchisegeber geliefert oder die Versorgung durch Vertragslieferanten mit qualitätsorientierten Anforderungen geregelt. So liefert beispielsweise eine namhafte Burger-Kette den Franchisenehmern kein Fleisch, sondern hat nur die Qualitätsstandards definiert. Sie sind allerdings so hoch, dass sie in der Praxis nur von wenigen oder nur einem einzigen Lieferanten erfüllt werden können. Selbstverständlich sind die Lieferungen mit entsprechenden Qualitätskontrollen durch die Systemzentrale verbunden. Es ist leicht vorstellbar, was ein Bericht in den Massenmedien über Gammelfleisch für den Umsatz und den Ruf der Marke bedeuten würde. Auch hier greift der Hebelarm des Franchisings – dann allerdings in der falschen Richtung.

5.5 Schulung

Know-how ist der Kern des Franchisings (vgl. Abschn. 1.4). Es wurde vom Franchisegeber in der Design- und Pilotphase entwickelt, ist im Handbuch (vgl. Abschn. 3.3) detailliert dokumentiert. Der entscheidende Schritt ist der Transfer in die Köpfe der Akteure im Markt: Franchisenehmer und deren Mitarbeiter.

Jede Systemzentrale hat daher den Charakter einer Akademie. Sie betreibt eine multimediale Know-how-Pipeline zu den Partnerbetrieben. Teilweise wird das Personal direkt angesprochen, teilweise der Franchisenehmer ertüchtigt, das Wissen weiterzugeben. Der Transfer des Wissens läuft über mehrere Kanäle: Seminare, Trainings und Lernplattformen einerseits sowie Erfahrungsaustausch, Partnerbetreuer und -tagungen andererseits.

Die intensive Schulung der Franchisenehmer und ihrer Mitarbeiter vor der Betriebseröffnung sowie die Folgeschulung während der gesamten Vertragslaufzeit sind markante Merkmale des Franchisings. Sie schließen auch ein Training-on-the-Job vor Ort mit ein. Umfang und Intensität ergeben sich situations- und bedarfsgerecht. Ausschlaggebend ist allein das Ziel: größtmögliche Qualifikation in sämtlichen Merkmalen und Prozessen!

Die Themen orientieren sich an der jeweiligen Zielgruppe: Unternehmer oder Mitarbeiter. Das fachliche Wissen wird beiden Gruppen vermittelt. Franchisenehmer erhalten darüber hinaus eine komprimierte betriebswirtschaftliche Schulung. Damit vermittelt die Systemzentrale den Partnern alle wissenschaftlichen Erkenntnisse, die zum Führen ihrer Betriebe erforderlich sind: Managementwissen im Crashkurs.

Einen besonderen Stellenwert hat die Schulung, wenn das Geschäftsmodell von Quereinsteigern ohne fachliche Vorbildung umgesetzt wird (vgl. Abschn. 1.3). Sie müssen in kurzer Zeit sowohl das fachliche als auch das unternehmerische Rüstzeug erhalten. Ihr Ausgangswissen ist die *Messlatte* für den Inhalt des Schulungsprogramms, insbesondere auf den Feldern Fachkunde, Gesetzeskunde, Marketing, Verkauf, Mitarbeiterführung und Administration. Damit bringt die Systemzentrale neue Partner in kurzer Zeit auf ein völlig neues Niveau: „Unternehmer in einer Mannschaft". Das macht Franchisegeber attraktiv im Partnermarkt und eröffnet ihnen ein größeres Segment potenzieller Franchisenehmer.

Allerdings kann es bei der Schulung zu einem Mengenproblem kommen. Das Franchisekonzept geht davon aus, dass der Netzaufbau zügig vorangeht, regelmäßig also eine Mindestzahl von Franchisenehmern und deren Mitarbeitern zu schulen ist. Die Realität weicht aber häufig davon ab (vgl. Abschn. 5.3). Wenn in einem längeren Zeitraum nur ein einziger Franchisenehmer rekrutiert werden konnte, ist das Schulungsprogramm aus Kosten- und Kapazitätsgründen nicht durchführbar. Dann sind Einzelschulungen erforderlich. In der Praxis wird in diesem Fall allerdings gelegentlich die konzeptionsgerechte und vertraglich vereinbarte Schulung durch ein Provisorium ersetzt. Dies können objektbezogene Ratschläge des Betreuers sein, das Hospitieren in einem Pilotbetrieb oder ein intensives Onlinecoaching. Streng genommen wird der Franchisegeber damit aber vertragsbrüchig.

Davon abgesehen hat die umfassende Schulung des Franchisenehmers und seiner Mitarbeiter vor dem Start sowie die intensive Begleitung in der Einführungsphase wesentlichen Einfluss auf das Erreichen der Sollzahlen im Businessplan des Partners. Werden sie längere Zeit nicht erreicht, wirkt das nicht nur desillusionierend auf den Partner, sondern beeinträchtigt auch die Chancen zur Rekrutierung weiterer Partner und kann sich auf das Kooperationsklima insgesamt auswirken.

5.6 Partnerbetreuung

Die Frage nach der Betreuung der Franchisenehmer durch die Systemzentrale gehört zum Kern des Franchisings. Es gibt Franchisezentralen, die sich mit zahlreichen Partnerbetreuern und einem Team interner Experten fast um jedes Detail kümmern. In diesem Fall kommt die

Betreuung in ihrer Intensität der von Filialen nahe. Dieses Konzept ist typisch für die klassische Form des Business-Format-Franchisings. Andererseits gibt es aber auch Franchisegeber, bei denen sich das Franchisepaket im Wesentlichen auf Übertragung des Geschäftskonzepts mit Marke, Geschäftsdesign, Ladenbauelementen, Werbemitteln und Einführungsseminaren beschränkt. Das ist typisch für das sogenannte „Soft-Franchising" (auch Lizenzsystem genannt). Hier zeigt der Franchisegeber dem Franchisenehmer, wie es gemacht wird, und überlässt ihn dann weitgehend sich selbst. (vgl. Abschn. 7.2)

Zwischen diesen Polen muss in der Praxis jeder Franchisegeber die in seinem besonderen Fall effiziente Form der Betreuung finden. Allgemein gültige Maßstäbe gibt es nicht. Das notwendige Maß an Betreuung hängt einerseits von der Strategie des Initiators ab, andererseits von der Hilfsbedürftigkeit der typischen Franchisenehmer.

Abgesehen von Schulung und Fortbildung (vgl. Abschn. 5.5) sind die Leistungen der Systemzentrale zu unterteilen in:

- Standortvorbereitung
- Geschäftseröffnung
- fortlaufende Unterstützung

Nach Vertragsabschluss geht es zunächst um den Businessplan des Franchisenehmers. Die Systemzentrale liefert testierte Umsatz- und Kostendaten von vergleichbaren Standorten. Die Modellrechnung ist vom Franchisenehmer selbst vorzunehmen. Einerseits ist er dadurch gezwungen, sich gedanklich mit seinen Zahlen zu befassen und kann sich dann besser damit identifizieren. Andererseits könnte sonst der Franchisegeber in eine Prospekthaftung geraten, wenn es später nicht so läuft wie geplant.

Im nächsten Schritt folgen Bankgespräche und Förderanträge, manchmal auch eine Gesellschaftsgründung. Nach örtlicher Marktforschung muss der Standort gefunden und der Mietvertrag abgeschlossen werden. Danach geht es um die Eingliederung des Betriebs in die Prozesse und Lieferketten.

Sobald diese konzeptionellen Arbeiten standortbezogen abgeschlossen sind, wird das Geschäftslokal konzeptgetreu gestaltet und ausgestattet.

Parallel sucht der Franchisenehmer Personal nach dem von der Systemzentrale vorgegebenen Anforderungsprofil. Dabei ist der künftige Partnerbetreuer ständiger *Coach* des Franchisenehmers, der sich jedoch seinen Kenntnissen entsprechend in größtmöglichen Umfang selbst einbringt.

Ein großer Schritt ist die möglichst zielgruppenwirksame Eröffnung des Betriebs durch ein entsprechendes *Event*. Danach folgt die permanente und intensive Betreuung des Franchisenehmers in allen auftretenden Fragen.

Betreuung heißt letztlich Austausch von Informationen. Er wird in einer Zeit schneller Veränderungen immer wichtiger. Die Systemzentrale ist daher ein Informationsknoten. Sammeln, Komprimieren, Verarbeiten, Dokumentieren, Analysieren und Aussenden von Informationen sind ein großer Teil ihrer Tätigkeit. Im Kontakt zu den Partnern sind die Betreuer ein wichtiges Medium. Sie müssen

- die konzeptionsgerechte Anwendung des Geschäftsmodells sicherstellen,
- synergetisches Zusammenwirken der Partner herbeiführen,
- hohe Qualität in sämtlichen Leistungsmerkmalen und Funktionen sicherstellen,
- den Erfolg der Partner zeitnah verfolgen und frühzeitig korrigierend eingreifen.

Wenn man das *Produkt* des Franchisegebers als einen *schlüsselfertigen Betrieb* versteht, dann ist die Betreuung der *Kundendienst*. Dazu gehört alles, was erforderlich ist, damit das *Produkt* „Geschäftsmodell" während der gesamten Vertragslaufzeit reibungslos funktioniert.

5.7 Qualitätssicherung

In der Wertschöpfungskette des Franchisings steht der Mensch innerhalb des Netzwerks im Vordergrund: Das gilt für das Engagement der Franchisenehmer, aber genauso für die Kompetenz und Verantwortung der Systemmanager, Betreuer und Experten. Franchising ist generell qualitätsorientiert.

Entscheidend ist die Qualität der Leistung an der Schnittstelle zu Interessenten und Kunden. Einen objektiven Maßstab gibt es nur bedingt. Aber es geht darum, wie die Leistung bei der Zielgruppe ankommt, um gefühlte Qualität.

Selbstverständlich muss das Marktangebot, also das Produkt, Warensortiment oder die Dienstleistung einem hohen Qualitätsanspruch entsprechen. Das ergibt sich ohnehin aus dem für Franchising erforderlichen Wettbewerbsvorsprung (vgl. Abschn. 2.1). Entsprechende Qualitätsansprüche gelten selbstverständlich aber auch für das Franchisepaket (vgl. Kap. 3). In Anbetracht der anspruchsvollen Managementaufgabe versteht es sich von selbst, dass zugleich die personellen Ressourcen der Systemzentrale hohen Ansprüchen gerecht werden müssen – fachlich genauso wie im Umgang mit selbstständigen Partnern (vgl. Abschn. 5.9).

Sowohl das Umfeld eines Franchisesystems als auch die Menschen in der Zentrale und im Netzwerk verändern sich. Daher ist auch das Franchisepaket nicht statisch. Es wird ständig angepasst, einerseits im Umfeld hinsichtlich Verbrauchergewohnheiten, Modetrends, Wettbewerber, Technik oder Gesetzen, andererseits durch Anforderungen und Ideen der Franchisenehmer.

Der Franchisegeber versucht, das Franchisesystem mithilfe der Richtlinien (vgl. Abschn. 1.5) an die Veränderungen anzupassen. Das *Mitziehen* einer großen Zahl selbstständiger Unternehmer mit unterschiedlicher Mentalität kann allerdings eine Herausforderung sein. Andererseits ist das kreative Potenzial der Partner zugleich eine Chance. Wenn viele Köpfe mitdenken, kann daraus Neues entstehen. Dies gilt nicht nur für Strukturen und Prozesse innerhalb der gesamten Organisation, sondern auch hinsichtlich der Position im Wettbewerb.

Im Bemühen um hohe Qualität der Marktleistung genügt es nicht, die Qualitätsorientierung immer wieder zu *predigen*. Die tatsächliche Qualität muss von Zeit zu Zeit überprüft werden. Die verfügbaren Instrumente sind vor allem Testkäufe, ein offenes Auge der Betreuer sowie Partnerschaftsbilanzen.

„Mystery Shopping" durch anonyme Testkäufe ist ein relativ einfaches und bewährtes Mittel, um den Marktauftritt und die Qualität des Produkts durch Stichproben zu prüfen. Die Franchisenehmer müssen allerdings über die Notwendigkeit und den Nutzen aufgeklärt werden. Die

Ergebnisse werden in Partnertagungen präsentiert – im Allgemeinen anonym. Es geht darum, Fehlerquellen zu erkennen. Im Interesse der Vertrauensbasis soll kein Franchisenehmer an den Pranger gestellt werden.

Die Besuche des Partnerbetreuers vor Ort dienen der situationsgerechten Beratung des Franchisenehmers im Sinn eines Coachs. Es versteht sich allerdings von selbst, dass der Betreuer dabei die Augen offenhält. Wenn er Abweichungen vom Konzept oder von Standards erkennt, wird er in psychologisch geschulter Weise darauf hinwirken, dass der Franchisenehmer sie aus eigener Überzeugung beseitigt.

Die allgemeine Stimmungslage unter den Franchisenehmern und insbesondere das Kooperationsklima haben großen Einfluss auf die Leistung und den Bestand eines Franchisesystems. Ein bewährtes Tool, um diese Faktoren zu messen, ist die „Partnerschaftsbilanz" (Boehm 2020). Dabei hält jede Seite der anderen den Spiegel vor.

Abweichungen und Fehler eines Franchisenehmers in der Umsetzung des gemeinsamen Geschäftsmodells haben weitreichender Auswirkungen. Einerseits schädigen sie den Ruf der Marke. Andererseits sind aber auch die Erfolgschancen aller anderen Franchisenehmer beeinträchtigt, die unter derselben Marke auftreten. Daher ist der Franchisegeber auch im Interesse aller anderen Partner verpflichtet, auf Qualität und Konzeptionstreue zu achten.

5.8 Erfolgsmonitoring

Wer für mindestens zehn Jahre ein gewinnbringendes Geschäft verspricht, muss zeitnah verfolgen, ob der Partner noch auf Kurs ist. Das ist Teil des Deals. Insofern hat das betriebswirtschaftlich „Controlling" genannte Erfolgsmonitoring nichts mit ungerechtfertigter Überwachung selbstständiger Partner zu tun. „To control" heißt steuern im Sinne eines Regelkreises. Wenn der Steuermann auf der Brücke eines Schiffes Abdrift durch Strömung oder Wind feststellt, muss er am Ruder korrigieren, um ans Ziel zu kommen. Nicht anders ist das bei der Erfolgsüberwachung in einem Franchisesystem.

In der Navigation ist das ein noch einfacher als in der Wirtschaft, denn die Seekarte ist eine feste Größe. Aber im Markt ist alles in Bewegung –

ein instabiles Umfeld. Deshalb orientiert sich der Controller in der Systemzentrale an den Daten der Gesamtheit aller Franchisenehmer. Umsatz, Rohgewinn, Personalkosten, Werbekosten und andere Daten mit Signalwirkung hat er ständig im Blick.

Im Betriebsvergleich bilden die Daten aller Partner eine *Wolke*. Wenn einer aus der *Wolke* ausbricht, klingeln die *Alarmglocken*. Dann folgt unverzüglich die Analyse der Ursachen vor Ort. Vielleicht ist es ein plausibler Anlass: Baustelle vor der Tür. Vielleicht ist aber auch irgendwo der *Wurm* drin. Dann wird der Betreuer gemeinsam mit dem Partner ein Optimierungskonzept erarbeiten.

Es kommt allerdings auch vor, dass die Daten eines Betriebes aus der *Wolke* deutlich positiv ausbrechen. Auch dann ist eine Ursachenanalyse angesagt. Möglicherweise hat dieser Partner einen neuen Erfolgsbaustein im Mosaik gefunden. Dann wird die Zentrale prüfen, ob die Erkenntnisse auf alle anderen Partner übertragen werden können. Das ist ein weiterer Beitrag zur graduellen Perfektionierung (vgl. Abschn. 4.3) – der ständigen Weiterentwicklung des Systems.

Wenn die Systemzentrale Geschäftsmodell und Kooperationssystem systematisch optimieren will, wird sie zusätzlich von Zeit zu Zeit Analysen mit Scorecards vornehmen. Damit wird das Monitoring von den harten quantitativen Daten auf weiche qualitative Merkmale erweitert. Das ist die „Hohe Schule" des Controllings. Die Informationen stammen allerdings nicht aus der Buchhaltung, sondern müssen zusätzlich erhoben werden.

Voraussetzung für das klassische Controlling mit quantitativen Daten ist natürlich, dass die Franchisenehmer pünktlich einheitlich gebuchte Zahlen für die wesentlichen Kriterien liefern. Nach dem Franchisevertrag sind sie dazu verpflichtet. In der Realität gibt es allerdings nachlässige Partner, die Daten nicht termingerecht oder unvollständig liefern. Andere sträuben sich mit Hinweis auf ihre unternehmerische Souveränität. Darüber hinaus fürchtet gelegentlich auch der örtliche Steuerberater um seinen Einfluss. Daher bieten manche Franchisegeber eine einheitliche zentrale Datenerfassung durch einen selbstständigen Buchhaltungsdienstleister an. Er liefert der Systemzentrale nur die für die Erfolgsüberwachung erforderlichen Daten, einheitlich aufbereitet und termingerecht. Davon abgesehen gehen alle Zahlen wie bisher an den örtlichen Steuerberater. So kann er weiterhin den Jahresabschluss erstellen und behält seine Klienten.

Abgesehen von zeitnahen Daten für die betriebswirtschaftliche Betreuung, hat der Franchisegeber auch ein Eigeninteresse an Informationen über den Erfolg seiner Partner. Dies ergibt sich sowohl aus der für das Franchising typischen „Synthese der Egoismen" als auch aus seiner faktischen Mitverantwortung des Franchisegebers (vgl. Abschn. 1.1). Unter diesem Aspekt ist Franchising für die Franchisenehmer auch eine Art Lebensversicherung. Der Franchisegeber kann es nicht zulassen, dass einzelne Partner wirtschaftlich untergehen. Dies würde sich im Markt schnell herumsprechen und den Ruf der Marke schädigen. Für den Franchisegeber wäre das nicht nur ein Verlust immaterieller Werte, sondern im Rahmen der vorvertraglichen Aufklärung zugleich ein Hindernis für weitere Expansion (vgl. Abschn. 1.4).

Franchisegeber und Franchisenehmer haben dieselben Ziele. Wenn die Partner dies verstanden haben, ist die Unterstützung durch die Systemzentrale glaubwürdig und wird als nützlich empfunden. Dies ist eine Voraussetzung für die Umsetzung von Vorgaben der Richtlinien und Ratschlägen des Betreuers – somit für eine effiziente Kooperation generell.

So trägt das zeitnahe Verfolgen des wirtschaftlichen Ergebnisses der einzelnen Franchisenehmer mehrere wichtige Ziele. Es dient dazu, das Konzept zu optimieren, die Aktivitäten zu steuern, die Mitverantwortung des Franchisegebers für den Erfolg seiner Partner zu ermöglichen sowie das immaterielle Kapital zu schützen.

Das häufig missverstandene Controlling ist also nicht nur ein vertragliches Recht, sondern eine Pflicht der Zentrale zur Zukunftssicherung des Geschäftsmodells und des gesamten Netzwerks. Sie ergibt sich als logische Konsequenz der Franchisestrategie. Davon abgesehen kann das in diesem Sinn verstandene Controlling auch von Franchisenehmern durchaus als wertvolle Leistung der Systemzentrale gesehen werden und als Klammer der Partnerschaft wirken (vgl. Abschn. 4.7).

5.9 Kooperative Führung

Das Management einer Systemzentrale ist eine vielschichtige und anspruchsvolle Aufgabe (vgl. Abb. 5.6). Dabei geht es um das Fördern und Steuern von unternehmerischer Energie, Wissensstand und –nutzung, Informationsströmen und Transparenz sowie das Sichern von Qualität, Image und *Frieden*.

Grundsätzlich ist ein Franchisesystem „autoritär": Der Franchisegeber hat Ideen, Energie und Kapital investiert, das Geschäftsmodell auf eigenes Risiko entwickelt und erprobt, oft sogar schon eine starke Marke mit hohem Bekanntheitsgrad aufgebaut. Es ist sein Konzept und er hat die Systemhoheit. Daher kann er grundsätzlich sagen, „wo es lang geht"! Auf der anderen Seite vertrauen die Partner dem Franchisegeber ihr eigenes Kapital an und bringen ihre persönliche Energie ein. In dieser Konstellation ist Führung eine Gratwanderung. Einerseits hat der Franchisegeber das Sagen, andererseits sollen seine Partner engagiert mitwirken. Zudem

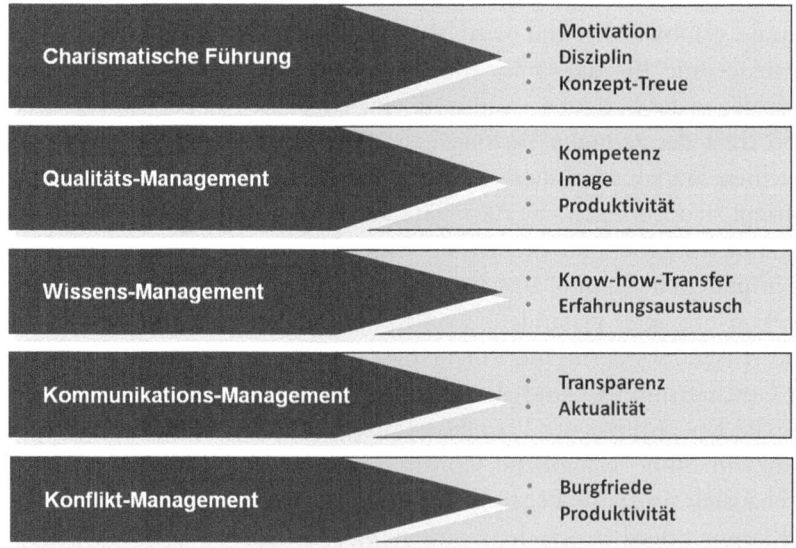

Abb. 5.6 Managementaufgaben der Zentrale. (Aus Boehm 2020; mit freundlicher Genehmigung von Springer Fachmedien Wiesbaden GmbH 2020. All Rights Reserved)

sollen ihre Ideen und Erfahrungen zum Nutzen aller in das System einfließen.

Die aus dieser Konstellation resultierenden Anforderungen an die Führung sind hoch. Die offensichtlichen Vorteile des Franchisings haben ihren Preis. Es ist der Umgang mit selbstständigen Partnern in einer langen *Unternehmer-Ehe*. Das bedeutet: Koordination von Individuen, Freiheitsdrang der Partner, emotionales Konfliktpotenzial, anspruchsvolle Führungsaufgabe sowie ständiges Motivations- und Konfliktmanagement.

Menschliche Beziehungen sind daher im Franchising ein großes Thema. Die Franchisenehmer haben ihr Schicksal in die Hände des Franchisegebers gelegt. Für den Franchisegeber bedeutet dies eine besondere Fürsorgepflicht im eigenen Interesse. Wenn mehrere Partner erfolglos sind, emotional *aussteigen* oder gar aufgeben, wird der Franchisegeber kaum neue gewinnen können. Sein Netzwerk *erodiert*.

Da Franchising emotional angereichert ist (vgl. Abschn. 1.3) und von der nachhaltigen Motivation der Franchisenehmer abhängt, kann die Führungsphilosophie nur lauten: „Leiten durch Überzeugen"! Der Franchisegeber ist zwar Initiator, Eigentümer der Schutzrechte sowie *Kapitän* des gemeinsamen *Schiffes*, aber im Umgang mit seinen Partnern versteht er sich als „Primus-Inter-Pares".

Die Mitwirkung der Partner an der Umsetzung des Geschäftsmodells und seiner Weiterentwicklung ist unverzichtbar. Auch wenn die Systemzentrale über die verbindlichen Richtlinien des Handbuchs (vgl. Abschn. 3.3) Weisungsbefugnis hat, können die Partner letztlich nur durch Überzeugung zur Mitwirkung gewonnen werden. Dazu gehört charismatische Führung. Wenn dem Initiator das selbst nicht ganz liegt, ist das kein Problem. Er braucht dann nur einen entsprechend talentierten Franchisemanager.

Vor diesem Hintergrund ist ein Partnerbeirat vorteilhaft hinsichtlich Transparenz, Verständnis, Vertrauen, Gemeinschaftsgeist und Effizienz. Der Beirat entspricht der Uridee des Franchisings von der Synthese komplementärer Kenntnisse und Fähigkeiten. Die Systemzentrale ist weit entfernt vom Markt, kennt die Anforderungen und Mentalität der Zielgruppe nur aus *zweiter Hand*. Diesen Nachteil kompensiert die Marktnähe der Franchisenehmer. Sie stehen im ständigen Kontakt mit den

Kunden, kennen derer Mentalität, Anforderungen, Barrieren, Preisschwellen und spüren zugleich den Markterfolg der Wettbewerber. Daher kann der Beirat eine wichtige Erkenntnisquelle der Zentrale sein, durch:

- gedankliche Nähe zwischen Zentrale und Basis
- Früherkennung von Markttrends und Schwachstellen im System
- konstruktiven Dialog unterschiedlicher Gedankenwelten
- Reaktionstests vor Änderung des Leistungsprogramms/Servicepakets
- Transparenz des Kooperationsklimas

Wichtig ist allerdings Klarheit aller Beteiligten über die Stellung des Beirats und seine Befugnisse. Er ist weder ein „Parlament" zur „Mitbestimmung" noch eine „Gewerkschaft" als Gegenpol noch ein „Ombudsmann" als Schlichter. Der Beirat hat also ausschließlich beratende Funktion. Er ist das *verlängerte Ohr* der Franchisezentrale und zugleich Sensor für Entwicklungen im Markt, im Netzwerk und für die Funktion des Systems – also letztlich für die Synergie. Der Beirat soll überall dort Informationen einbringen, wo Franchisenehmer mehr wissen als der Franchisegeber. Jede Form der Mitbestimmung würde nicht nur dem Wesen des Franchisings widersprechen, sondern wäre als „horizontales Element" nach Kartellrecht unzulässig (vgl. Abschn. 1.4).

Die Franchisepartnerschaft ist eine Beziehung besonderer Art. Keiner kann ohne den anderen. Synergie entsteht nur dann, wenn jeder den anderen *glücklich* macht. Dazu gehört als *Bindfaden* faires Geben und Nehmen (vgl. Abschn. 4.7) über lange Zeit.

> **Ihr Transfer in die Praxis**
> Wenn Sie die Erkenntnisse aus diesem Buch umsetzen wollen, ist der Aufbau der Systemzentrale ein Schwerpunkt Ihrer Aufgaben.
>
> - Haben Sie ein Konzept für Art und Umfang der dann anstehenden Aufgaben?
> - Wissen Sie, welche Leistungsmodule schon vorhanden und welche zu entwickeln sind?
> - Können Sie die aussichtsreichsten Zielgruppen im Partnermarkt definieren?
> - Gibt es konkrete Vorstellungen zur wirkungsvollen Rekrutierung?
> - Haben Sie schon eine Idee zum Know-how-Transfer und zur Betreuung?
> - Kann kooperative Führung auf Augenhöhe irgendwann ein Problem werden?

Literatur

Boehm H (2020) Praxiswissen Franchising. Springer Gabler, Wiesbaden

6

Die Erlösquellen – Wovon der Franchisegeber „lebt"

> **Was Sie aus diesem Kapitel mitnehmen**
> - Sie erfahren, woran ein Franchisegeber verdient und woraus Gewinne für beide Seiten entstehen.
> - Sie lesen, wie Sie Enttäuschungen vermeiden und Geld sparen können.
> - Sie erhalten Warnhinweise, welchen Illusionen Sie sich nicht hingeben sollten.

6.1 Erlösstruktur

Im Kern ist der Franchisegeber ein Dienstleister seiner Partner. Die Systemzentrale installiert ein erfolgreiches Geschäftsmodell, versorgt die Franchisenehmer mit Erfolgsbausteinen, unterstützt sie permanent und umfassend in der *Umsetzung*. Diese Leistungen werden honoriert durch Gebühren mit unterschiedlichem Charakter: Lizenzgebühren, Dienstleistungshonorare sowie Rückvergütungen/Boni. Die Abgeltung von Investitionen in die Entwicklung des Geschäftsmodells und den Markenaufbau hat den Charakter von Lizenzgebühren. Die Zahlungen für

Betriebsaufbau, Eröffnungskampagne, Schulung und die laufende betriebswirtschaftliche Betreuung sind formal Dienstleistungshonorare. Rückvergütungen aus Warengeschäften können dem Wesen nach als Provisionen eingeordnet werden.

Davon abgesehen sind die Erlöse der Systemzentrale zu unterteilen in einmalige, laufende und anlassbezogene Vergütungen. Aus diesem Bündel setzen sich die Gesamterlöse zusammen (vgl. Abb. 6.1). Anlassbezogen sind Zahlungen für fakultative Leistungen, beispielsweise Wahlleistungen aus der Speisekarte eines Soft-Franchisesystems (vgl. Abschn. 7.2).

Neben den eigentlichen Franchisegebühren können Franchisegeber Erlöse aus klassischen Geschäftsfeldern haben, wie beispielsweise Handelsspannen oder Mieten.

Zur Standortabsicherung erwerben Franchisegeber teilweise die Immobilien der Geschäftslokale. Dann fallen zusätzlich Mieterlöse an. Das ist zugleich eine attraktive Kapitalanlage, denn der Franchisegeber behält

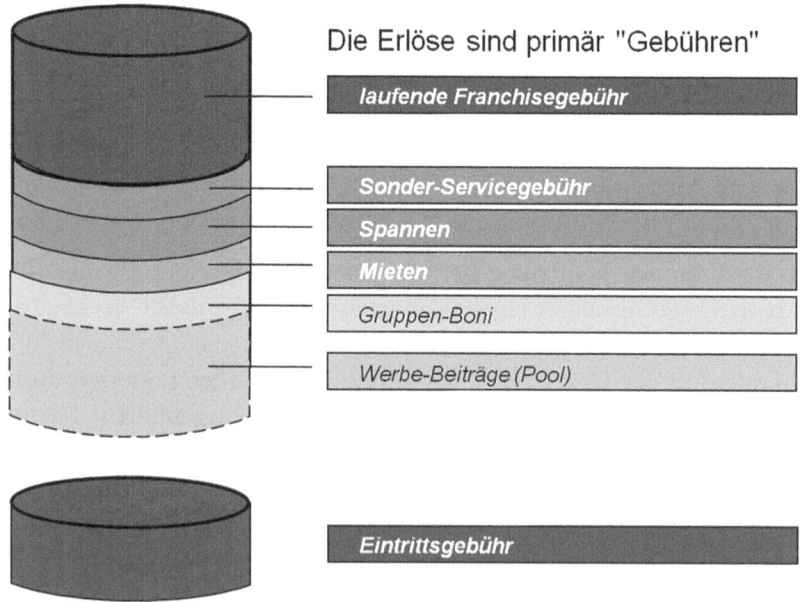

Abb. 6.1 Die Erlöse der Franchisegeber

sein Vermögen nach wie vor in der eigenen Hand. Ein typisches Feld für die Kombination von Miet- und Franchiseverträgen ist die Gastronomie. Der ehemalige McDonald's CFO Harry J. Sonneborn sagte dazu: „We are not basically in the food business (…) We are in the real estate business." (Nowak 2021)

6.2 Eintrittsgebühr

Die Eintrittsgebühr zahlt der Franchisenehmer für die Vorleistung des Franchisegebers. Dazu gehören insbesondere:

- Entwicklung des Geschäftsmodells, Erprobung und Optimierung in Pilotbetrieben
- Aufbau der Systemzentrale, Entwicklung des Franchisepakets, Registrierung von Schutzrechten
- *Durststrecke* der Systemzentrale bis zur Gewinnschwelle
- Investitionen in den Markt (Bekanntheitsgrad der Marke)

In die Berechnung der Vorleistungen gehen nur quantifizierbare Investitionen ein. Hinsichtlich des Rufs der Marke im Markt sind das hilfsweise die bis dahin insgesamt aufgelaufenen Kosten für Website, Werbung und PR. Hinzu kommt zumindest gedanklich der nicht quantifizierbare Wert der Idee für das Geschäftsmodell.

Nach der Theorie sollten die Vorleistungen spätestens bei weitgehender Abdeckung des Heimatmarkts durch Eintrittsgebühren wieder *eingespielt* sein. In der Praxis ist die Abrechnung aber schwierig. Erfahrungsgemäß läuft der Netzaufbau über einen längeren Zeitraum. Da mit zunehmender Expansion die Systemzentrale wächst, verschiebt sich der Break Even Point durch zusätzliche Kosten immer weiter. Insofern ist eine Bilanz der Refinanzierung eher ein Gedankenspiel.

Soweit Hersteller, Importeure, Großhändler, Filialisten oder Verbundgruppen ein Franchisesystem errichten, steht gewöhnlich der nicht quantifizierbare Aspekt „Absatzsicherung" im Vordergrund. Daher werden die Kosten für Entwicklung und Netzaufbau als Investitionen in die Zukunft gesehen.

Es ist eine Illusion, wenn angehende Franchisegeber darauf hoffen, mit Eintrittsgebühren Geld zu verdienen. In der Praxis des seriösen Franchisings haben nur wenige Franchisegeber mit Eintrittsgebühren Gewinn erzielt. Das schaffen allenfalls unseriöse „Landkartenverkäufe" im Hardselling. Doch das hat nichts mit Franchising zu tun, auch wenn sie es so nennen. Die *Musik* des echten Franchisings *spielt* bei den laufenden Gebühren.

6.3 Laufende Franchisegebühr

Die laufenden Gebühren sind die eigentlichen Erlöse eines Franchisegebers. Davon *lebt* die Systemzentrale. Üblich sind Festbeträge, Umsatzanteile, Umsatzanteile mit festem Mindestsockel sowie degressive Umsatzanteile.

Feste Franchisegebühren kommen vorwiegend bei einfachen Geschäftsmodellen im Soft-Franchising (vgl. Abschn. 7.2) vor. Da der Franchisevertrag gewöhnlich lange läuft (vgl. Abschn. 1.5) und nicht veränderbar ist, sollte grundsätzlich eine Wertsicherungsklausel vorgesehen werden. Vorherrschend sind umsatzbezogene Gebühren mit festem Prozentsatz. Mit zunehmender Erfahrung und wachsendem Selbstbewusstsein des Franchisenehmers sinkt häufig der Schulungs- und Betreuungsaufwand (vgl. Abschn. 5.9). Um dieses Konfliktpotenzial zu entschärfen, wird teilweise ein umsatzabhängig degressiver Prozentsatz vereinbart. In diesem Fall sollte hinsichtlich der Schwelle ebenfalls eine Anpassung an das allgemeine Geldwertniveau vorgesehen sein

6.4 Poolbeiträge

Die Kosten für die Entwicklung von Website, Werbekonzepten, Werbemitteln und die Durchführung von Verkaufsförderungsaktionen werden vom Franchisegeber getragen. Sie sind gewöhnlich mit der laufenden Franchisegebühr abgegolten. Die Franchisenehmer zahlen die standortbezogene Anpassung, die Lieferung von Werbemitteln sowie die örtlich anfallenden Medienkosten. Manche Franchisegeber koppeln jedoch den Marketingaufwand von der Franchisegebühr ab und errichten einen von der Systemzentrale verwalteten Marketingpool. Er wird von beiden Seiten in einem vereinbarten Verhältnis gespeist – gewöhnlich 50:50. Finanziert werden aus diesem Pool Weiterentwicklung des Marketingkonzepts, Aktualisierung der Website, Entwicklung von Werbekampagnen und Werbemitteln, Gestaltung von Verkaufsförderungsaktionen. Die Kosten der Werbemittel und Medien vor Ort sind auch in dieser Variante vom jeweiligen Partner zu tragen.

Die von den Franchisenehmern in den Pool gezahlten Beiträge sowie ein unverbrauchter anteiliger Restbestand stellen de facto Treuhandvermögen dar. In diesem besonderen Fall räumen einige Franchisegeber ausnahmsweise dem Beirat (vgl. Abschn. 5.9) ein Mitspracherecht hinsichtlich der Verwendung der Mittel ein.

6.5 Bündelungsboni

Bei Filialisten und Verbundgruppen ist die Bündelung von Mengen zur Stärkung der Position gegenüber Lieferanten Kern des Geschäftsmodells. Franchisesysteme haben dieselben Mengeneffekte. Als horizontales Element (vgl. Abschn. 1.4) gehören sie aber nicht zum Wesen des Franchisings (vgl. Abschn. 1.1). Es liegt allerdings nahe, dass auch Franchisesysteme die Konditionsvorteile der Bündelung wahrnehmen.

Die Lieferanten beliefern gewöhnlich die Franchisenehmer direkt. Die Abrechnung erfolgt durch die Systemzentrale. Die Kosteneinsparung durch Zentralregulierung und Bezugstreue honorieren die Lieferanten am Jahresende der Systemzentrale durch Rückvergütungen, oft „Boni" oder „Kickbacks" genannt. Rechtlich ist der Franchisegeber nicht verpflichtet, einen Teil an die Franchisenehmer weiterzugeben. Er muss sie lediglich über die Rückvergütung informieren. Im Interesse der Fairness und somit des Kooperationsfriedens erhalten die Franchisenehmer allerdings im Allgemeinen einen angemessenen Anteil. In jedem Fall hat die Systemzentrale neben den Franchisegebühren Bündelungserlöse.

Eine Alternative ist die Versorgung der Franchisenehmer über ein Zentrallager des Franchisegebers. In diesem Fall hat die Systemzentrale anstelle von Rückvergütungen Gewinne aus Handelsspannen für die Großhandelsfunktion.

6.6 Zuwachs immaterieller Werte

Ein namhafter Franchisegeber geht davon aus, dass bei einem vorstellbaren Börsengang seines Unternehmens über 50 % des Unternehmenswerts auf den Ruf der Marke entfallen würden. Dies ist zwar nur ein Gefühl *aus dem Bauch*, verdeutlicht jedoch die Dimension des durch den Marktauftritt und die Werbebotschaften entstandenen geschaffenen Werts. Er ist im Lauf der Zeit mit wachsendem Bekanntheitsgrad der Marke in den Köpfen der Zielgruppe entstanden. Dieser Wert ist nicht greifbar, aber doch existent. Steuerlich ist er wesentlicher Teil der Stillen Reserven in der Bilanz. Sie werden erst beim Verkauf oder Börsengang erkennbar und realisiert.

Eine andere Quelle des Zuwachses von immateriellen Werten ist der Zugewinn an Perfektion und Effizienz durch Erfahrungsaustausch mit den Franchisenehmern. Ihre Ideen und Erkenntnisse aus der Praxis tragen dazu bei, das Geschäftsmodell und Kooperationssystem in kleinen Schritten zu verbessern (vgl. Abschn. 4.3). Das erhöht die Attraktivität im Absatzmarkt sowie im Partnermarkt. Auch der Erfahrungsaustausch steigert den Wert des Franchisepakets (vgl. Abschn. 3.1), er ist ebenfalls Bestandteil der Stillen Reserven des Franchisegebers.

Investitionen in Standorte der eigenen Kette bieten dem Franchisegeber nicht nur eine attraktive Rendite (vgl. Abschn. 6.1). Abgesehen von der Wertsteigerung der Immobilie wird oft durch die Aktivitäten des Franchisenehmers der Standort attraktiver. Auch das erhöht das immaterielle Vermögen des Franchisegebers.

Ihr Transfer in die Praxis
Franchising muss sich *rechnen*. Stellen Sie sich dazu bitte insbesondere folgende Fragen:

- Haben Sie bereits die erforderlichen Investitionen bis zur Gewinnschwelle ermittelt?
- Ist die Finanzierung gesichert?
- Kennen Sie die in Ihrer Branche üblichen Franchisekonditionen?
- Gibt es eine wirtschaftliche Modellrechnung in Varianten bis zum Break Even Point?

Literatur

Nowak C (2021) The real way McDonald's makes their money – it's not their food. https://www.rd.com/article/real-way-mcdonalds-makes-money/. Zugegriffen am 25.08.2022

7

Das Franchisedesign – In welchen Formen Franchising auftritt

> **Was Sie aus diesem Kapitel mitnehmen**
> - Sie erfahren, warum jedes Franchisesystem ein Unikat ist.
> - Sie lesen, welchen Gestaltungsspielraum Sie bei Ihrem Franchisesystem haben.
> - Sie sehen, welche Arten von Franchising es gibt.
> - Sie Sie erhalten Anregungen für die in Ihrem Fall optimale Variante.

7.1 Einstufig oder mehrstufig

Zu den primären strategischen Zielen des Franchisegebers gehört die Marktnähe: Möglichst umfassende und vollständige Kenntnis der Zielgruppe, wirkungsvolle Präsentation des Angebots, enger Kundenkontakt und soweit erforderlich perfekter Service. Letztlich bedeutet dies alles: „Nah heran!". Daraus folgt die Strategie der kurzen Wege und intensiven Kommunikation.

Daher ist das klassische Franchising einstufig. Nichts soll die vielschichtige Beziehung zwischen Zentrale und den Franchisenehmern beeinträchtigen. Expandierende Franchisesysteme brauchen einen gleichermaßen wachsenden Stab von Betreuern als verlängerten Arm der Zentrale. Grundsätzlich gilt das auch bei internationaler Expansion (vgl. Abschn. 5.3).

Aber es gibt auch zweistufige Franchisesysteme, insbesondere bei internationalen Aktivitäten. Sie bieten sich an beim Eindringen in fremde Kultur- und Sprachräume mit unterschiedlichen gesetzlichen Rahmenbedingungen und Kaufgewohnheiten. In diesem Fall sucht der Franchisegeber zunächst in jedem homogenen Regionalmarkt einen leistungsfähigen Partner als Master-Franchisenehmer. Der Master errichtet eine nationale Systemzentrale und baut anschließend mit eigenen Franchisenehmern das Vertriebsnetz auf.

Der Master-Franchisenehmer hat das Exklusivrecht auf Nutzung der Marke und des im Heimatmarkt bewährten Geschäftsmodells als Franchisegeber in seinem Gebiet. Er erhält von seinen Franchisenehmern Eintritts- und Franchisegebühren sowie von Lieferanten Rückvergütungen. Einen Teil dieser Erlöse zahlt er an den Systemgründer.

Die zweistufige Konstruktion erlaubt eine schnelle internationale Expansion mit relativ geringen Investitionen. Der laufende Aufwand konzentriert sich auf die Kommunikation mit dem Master und ist relativ gering. Der Franchisegeber erhält zwar geringere Gebühren, allerdings wird ohne eigene Investitionen im Ausland der Ruf für seine Marke aufgebaut – so entsteht immaterielles Kapital. Um dieses Kapital und seine Position im Auslandsmarkt zu sichern, muss der Franchisegeber allerdings selbst alle ausländischen Schutzrechte für Marke, Design und eventuelle Produkte halten.

- **Vorteile des Master-Franchisings**
  Zugang zu fremden Märkten, schnelle Expansion, geringe Investitionen, Aufbau einer internationalen Marke
- **Nachteile des Master-Franchisings**
  Geringere Wertschöpfung im Ausland, Ausfallrisiko für komplette Teilmärkte

Das Risiko des Master-Franchisings für den Initiator besteht darin, dass der Master den Vertrag nicht verlängert, weil er inzwischen mithilfe des Franchisegebers *laufen* gelernt hat. Er besitzt dann das gesamte Knowhow, das angepasste Konzept, die Infrastruktur sowie die Verträge mit den Partnern. Zu ändern sind lediglich Name und Marke. Für den Master-Franchisenehmer kann das eine optimale Strategie zum Einstieg in ihm fremde Märkte sein.

Grundsätzlich ist Master-Franchising immer ein Zeichen von Schwäche oder geringem Interesse am jeweiligen Regionalmarkt. Deshalb scheidet ein zweistufiges Vorgehen im Allgemeinen auch im Inlandsmarkt aus. Potente Franchisegeber nutzen das Prinzip gewöhnlich nur für die Erschließung relativ unbedeutender Regionen. Die für das Unternehmen wichtigen Kernmärkte werden in der Regel durch eigene Landeszentralen erschlossen. Im Hinblick auf den emotionalen Gehalt der Franchisepartnerschaft und die intensive Kommunikation mit den Franchisenehmern sollten sie jeweils von muttersprachlichem Management geführt werden.

Auf den ersten Blick mag der Eindruck entstehen, dass auch Multilevel-Vertriebsnetze im B2C-Direktvertrieb Franchisesysteme sind. Dies bezieht sich vor allem auf die Markenführung und die Spezialisierung auf ein eng begrenztes Leistungsprogramm. Wesentliche und unverzichtbare Merkmale des Franchisings fehlen jedoch. Die Zentrale wählt die Vertriebspartner nicht selbst aus, hat abgesehen von automatisierten Provisionsabrechnungen keinen direkten Kontakt zu ihnen, kann sie nicht steuern und ihr Marktverhalten nicht kontrollieren. Da jeder Partner selbst Unterpartner und dieser ebenfalls wieder Unterpartner suchen kann, expandieren solche Netzwerke unkontrolliert, sogar international beispielsweise von Deutschland nach Mallorca.

7.2 Hart oder weich

Bereits in der Frühphase des Franchisings traten in USA unterschiedliche Formen auf: Straight-Product-Franchising, Trade-Name-Franchising, Business-Format-Franchising.

Beim Straight-Product-Franchising gestattet ein Hersteller von „Verfahrenstechnik" seinem Käufer die Nutzung der Produktmarke als Gütesiegel. Ein Beispiel sind Waschsalons. Ähnlich ist es beim Trade-Name-Franchising. Hier ist der Franchisegeber alleiniger Lieferant der angebotenen Produkte. In Deutschland gilt diese Variante als Vertragshandel. Sie kommt beispielsweise vor beim Heizölhandel und beim Treibstoffverkauf in Tankstellen.

Bei der im vorliegenden Buch beschriebenen Form des Franchisings handelt es sich stets um die klassische Variante „Business Format Franchising". Als markantes Merkmal übernimmt der Franchisenehmer das komplette Franchisepaket und setzt es konsequent um. Dabei erhält er umfassende Unterstützung der Systemzentrale, verbunden mit Qualitätskontrolle und Erfolgsmonitoring. Somit kommt die Betreuung der von Filialen nahe (vgl. Abschn. 5.6).

Aber es gibt auch eine *weiche* Variante des Franchisings, „Soft-Franchising" oder „Lizenzsystem" genannt. Hier beschränkt sich das Franchisepaket im Wesentlichen auf den Transfer des Geschäftsmodells mit Marke, Corporate Design, Website, Werbemitteln und Rahmenverträgen mit gelisteten Lieferanten. Die Zentrale führt zwar Einführungsseminare durch und berät ihre Franchisenehmer beim Start, veranstalten jährlich ein Partnerfest und beantwortet in einer Hotline Fragen, überlässt aber im Übrigen die Franchisenehmer weitgehend sich selbst. Das ist das andere Extrem: die Minimalversion der Partnerbetreuung.

Soft-Franchising hat zwar einen festen Platz in der Franchiselandschaft, ist aber nur bei simplen Geschäftsmodellen und begrenzt notwendigem Know-how-Transfer realisierbar. Voraussetzung ist, dass beträchtliche und schützbare Wettbewerbsmerkmale allein zu einer starken Position führen. Ähnlichkeit mit dem *weichen* Franchising hat der Direktvertrieb an private Haushalte, beispielsweise für Küchengeräte oder Nahrungsergänzungsmittel.

Eine Sonderform des Soft-Franchisings sind Ketten, die ihren Partnern zwar ein umfangreiches Angebot an unterstützenden Dienstleistungen bieten, deren Nutzung aber nicht verpflichtend ist. Diese Variante ist typisch für Verbundgruppen auf dem Weg zum Franchising. Sie haben in der Regel ohnehin Ressourcen für Unterstützung, wie Standortanalysen, Ladengestaltung, Werbung und IT. Die Serviceleistungen können die Mitglieder gegen Gebühr aus einer *Speisekarte* wählen. Teilweise kommen sie auch von Drittanbietern, mit denen die Zentrale Rahmenverträge geschlossen hat. Bei dieser Form des Franchisings stehen im Franchisevertrag die Nutzung der Marke und die Beschaffungsfunktion im Vordergrund. Wesentlicher Bestandteil sind daher Regelungen für die Einkaufsvorteile.

Der Unterschied zwischen *hart* und *weich* liegt also weitgehend im Umfang der Betreuung und *Fürsorge* einschließlich des Monitorings der Ergebnisse. Wenn es um den Aufbau eines straffen und gesicherten Absatzkanals geht, kommt allerdings nur die klassische *harte* Variante infrage. In der Franchisepraxis ist sie dominierend.

7.3 Gründend oder konvertierend

Jeder Franchisenehmer ist eine individuelle Persönlichkeit. Das Spektrum der Franchise-Anlässe, Voraussetzungen und Ziele ist breit (vgl. Abschn. 1.3). Ein markanter Unterschied ist die Ausgangslage: Geht es um den Einstieg eines Angestellten ins Unternehmertum als Existenzgründer oder um die Eingliederung eines bereits (oft seit Generationen) bestehenden Betriebs in eine Franchisekette – also um Konversion?

Grundsätzlich ist es durchaus möglich, dass sowohl Existenzgründer als auch Konvertierer innerhalb eines Franchisesystems tätig sind. In der Regel ergibt sich der vorherrschende Typ aber aus der Strategie des Franchisegebers. Wenn ein Pizza-Lieferservice Franchisenehmer sucht, werden es gewöhnlich Existenzgründer sein – wahrscheinlich Quereinsteiger. Baut dagegen ein Reifenhersteller eine Werkstattkette auf, wird er überwiegend bestehende Betriebe in das Netz integrieren. Dafür spricht der vorhandene Standort, die bestehenden Stammkunden und das bereits vorhandene Fachwissen und Eigenkapital. Bei einem Franchisegeber für Immobilienmakler sind gewöhnlich beide Typen nebeneinander vertreten. Generell geht es somit für den Franchisegeber darum, die Vorteile und Nachteile des Gründens oder Konvertierens abzuwägen:

Vorteile von Gründern
Progressive Motivation, erfolgsorientiert, unvoreingenommen, lernbegierig

Nachteile des Gründens
Standortsuche, Finanzierung, Neustart vor Ort, längere Durststrecke

Vorteile des Konvertierens
Standort, Stammkunden, Eigenkapital vorhanden, schnellerer Start
Nachteile von Konvertierern
Regressive Motivation, primär Schutzbedürfnis, gewöhnlich älter, traditionell vorgeprägt, weniger flexibel/führbar.

7.4 Klassisch oder hybrid

Franchising verlangt nach einem marktweiten Netzwerk mit zahlreichen Partnern. Eine Systemzentrale als Erfolgsdienstleister rechnet sich in der Regel erst ab etwa 25 bis 30 Franchisenehmern. Soweit aus branchentypischen Gründen nur wenige Standorte erforderlich sind, kann ein auf Gesellschaftsrecht beruhender *Mini-Konzern* vorteilhaft sein, bei dem die Gesellschaftsstruktur in einen Franchisevertrag eingebettet wird.

Diese *unechte* Form des Franchisings ist ein Hybridmodell. Hier beruhen Transparenz und Bindungen primär auf Gesellschaftsrecht. Sie werden auf der operativen Ebene ergänzt durch sternförmig abgeschlossene Verträge im Sinn des klassischen „Business-Format-Franchisings". Beide Rechtsebenen haben unterschiedliche Aufgaben:

- **Gesellschaftsrecht**
  Geschlossenheit, Dominanz, Transparenz, Loyalität, Bindung
- **Franchiserecht**
  Markennutzung, Know-how-Transfer, Leistungsportfolio, Marketing, Verkauf, Betriebsführung, Qualitätsmanagement, Monitoring

Die *Architektur* des hybriden Netzwerks orientiert sich an folgenden Gestaltungszielen:

- **Strategie**
  Einfluss auf die grundlegende Ausrichtung der Regionalgesellschaften durch Gesellschaftsvertrag: einstimmige Beschlüsse in strategisch wichtigen Fragen

7 Das Franchisedesign – In welchen Formen Franchising auftritt

- **Engagement**
  Dezentrales Unternehmertum mit ökonomisch und sozial attraktiven Perspektiven durch Status des Gesellschafters in einem marktweiten Netzwerk
- **Transparenz**
  Uneingeschränkte Einsicht in die Geschäftsverhältnisse der Regionalgesellschaften durch Gesellschaftsrecht und Franchiserecht
- **Loyalität**
  Treuepflicht durch zwei Rechtsebenen: Gesellschaftsrecht und Franchiserecht
- **Stabilität**
  Enge Bindung der selbstständigen Partner auf zwei Rechtsebenen: Gesellschaftsrecht und Franchiserecht

Träger des Netzwerks ist gewöhnlich eine GmbH. Als Systemkopf hat sie die einer Franchisezentrale entsprechenden Funktion (vgl. Abschn. 5.1). Vertragspartner des Netzwerks vor Ort sind jeweils die Partner persönlich. Sie schließen den Franchisevertrag ab. Anschließend bringen sie alle Rechte und Pflichten aus dem Vertrag in eine gemeinsam mit dem Franchisegeber gegründete GmbH ein. Für die Erfüllung der Pflichten haften die Partner weiterhin selbstschuldnerisch.

Dieses Hybridmodell ist relativ selten, kann aber in besonderen Konstellationen durchaus Vorteile haben. Dies gilt dort, wo volle Transparenz, hoher Einfluss in grundlegenden Fragen und vor allem starke Bindung besonders wichtig sind. Davon abgesehen ist diese Variante auch bei relativ kleinem Netz anwendbar, weil wesentliche Prozesse integriert ablaufen und die Betreuung der Partner durch die Zentrale weitgehend persönlich oder über einen *kurzen Draht* erfolgt.

7.5 Rein oder gemischt

Manchmal entsteht aus dem Zusammenfügen ungleicher Teile ein starkes Ganzes. Das gilt generell für die bereits beschriebene Synthese komplementärer Stärken innerhalb eines Franchisesystems. Es gilt aber auch in der Kombination von Filialen und Franchisebetrieben zur flächendeckenden Markterschließung (vgl. Abschn. 8.3).

Wie bereits erwähnt, besteht strategisch und operativ kein Unterschied zwischen einer Filiale und einem Franchisebetrieb. Was sie unterscheidet, sind die Eigentumsverhältnisse. Funktional betrachtet ist daher das Filialsystem als Netzwerk der Urtyp des Franchisings. Angesichts der nahen Verwandtschaft ist das Entstehen von Mischformen naheliegend. Gründer von Mischsystemen sind neben Filialisten kapitalstarke Franchisegeber, Investoren, Hersteller, Premiumlabels des Handels, feinmaschige Netzwerke im Dienstleistungsmarkt.

Für Filialisten ist Franchising ausgesprochen *charmant*. Da Franchisenehmer mit eigenem Geld und auf eigenes Risiko arbeiten, sind sie in der Regel profitabler, können dort noch *leben*, wo sich eine Filiale nicht mehr *rechnet*. Ein Filialist kann daher durch *Privatisieren* im Franchising erfolgsschwache Filialen wieder erfolgreich machen sowie sein Netz in potenzialschwache Gebiete ausdehnen (vgl. Abschn. 4.2). Hinzu kommt, dass bei einem etablierten Filialsystem ja (zumindest im Ansatz) schon fast alles vorhanden ist, was ein Franchisesystem ausmacht: Bewährtes Geschäftsmodell, eingeführte Marke, definierte Prozesse, leistungsfähige Zentrale, effiziente Logistik, professionelle Standortsteuerung und Controlling. Was fehlt, ist im Allgemeinen nur noch das Dokumentieren weitgehend existierender Module in einem Handbuch, ein Schulungsprogramm, ein Franchisevertrag und ein Partnermanager. Er erfüllt zunächst die zusätzlich anfallenden Aufgaben der Partnerrekrutierung und -betreuung. Mit wachsender Netzgröße kommen Partnerbetreuer hinzu.

Für einen erfolgreichen Franchisegeber kann eine Kapitalanlage in der eigenen Kette der logische Weg sein (vgl. Abschn. 6.1). Einen ähnlichen Ansatz verfolgen Investoren. Wegen der hohen Aufwendungen für Due Diligence und laufendes Controlling liegt die Schwelle für das Mindestvolumen der Investition hoch. Es ist nur zu erreichen, wenn neben Franchisebetrieben auch Filialen errichtet werden. Zudem profitieren die Investoren dann nicht nur von den Franchisegebühren, sondern von der Wertschöpfung insgesamt. Davon abgesehen vermittelt ihnen der Filialanteil das beruhigende Gefühl, nicht nur an einem Geflecht von Kooperationsverträgen beteiligt zu sein, sondern auch unmittelbar an Substanzwerten.

Mischsysteme von Herstellern gibt es seit *Erfindung* des Franchisings, beispielsweise im KfZ-Handel (vgl. Abschn. 1.2). Dieses Vertriebsmodell wird von der Industrie auch in anderen Branchen angewandt. Die gleiche Strategie verfolgen Anbieter von Premiumlabels. Der Verkauf in der Fläche geschieht durch Franchisenehmer, aber in den Ballungszentren ihrer anspruchsvollen Zielgruppen bestehen „Flagshipstores" als Filialen. Sie sind häufig nicht profitabel, sorgen aber für Marktpräsenz und Imageaufbau – sind Teil des Marketings.

Manchmal ist auch die Notwendigkeit eines vom Start an marktweiten Netzwerks Anlass für ein Mischsystem. Dies gilt zum Beispiel in der Logistik oder bei der Autovermietung. Hier ist ausgehend von einem grobmaschigen Filialsystem in den Ballungszentren ein annähernd gleichzeitiger Start eines flächendeckenden Netzes gewöhnlich nur mit Hilfe selbstständiger Partner möglich.

Aus Sicht der Franchisenehmer haben Mischsysteme durchaus Vorteile. Als Filialist ist der Franchisegeber ständig im unmittelbaren Kundenkontakt. Er kennt die Anforderungen und Reaktionen der Kunden. Daher kann er die Führung und Weiterentwicklung des Systems marktnah betreiben und hat zugleich mehr Verständnis für die Belange der Franchisenehmer. Davon abgesehen hat der filialisierende Franchisegeber gewöhnlich eine wesentlich stärkere Kapitalbasis, um eine leistungsfähige Systemzentrale aufzubauen. Insofern sind Mischsysteme oft professioneller aufgestellt und leistungsfähiger als reine Franchisesysteme in der (gewöhnlich langen) Aufbauphase. Da sie finanziell weniger abhängig von der Partnergewinnung sind und leichter qualifizierte Führungskräfte rekrutieren können, sind sie häufig auch stabiler als reine Franchisesysteme.

7.6 Kommerziell oder sozial

Franchising bedeutet Strukturierung von Netzwerken mit vielen lokalen Akteuren, die einheitlich in bewährter und ständig weiterentwickelter Form handeln sowie ihre Leistungen unter einem einheitlichen Kennzeichen erbringen. Koordiniert werden sie von einer Leitstelle. Sie hat das Handlungskonzept entwickelt und erprobt, hält Schutzrechte, baut das

Netz auf, überträgt das erforderliche Wissen, unterstützt die Partner und überwacht die systemkonforme Funktion der Prozesse sowie die Qualität der Leistungen. Dieses Prinzip gilt für soziale Einrichtungen genauso wie für kommerziell tätige Unternehmen; allerdings mit wesentlichen Unterschieden (Tab. 7.1).

Beim Sozial-Franchising werden also die Strukturen und Prozesse des kommerziellen Franchisings auf soziale Aufgaben projiziert, um dort die systemimmanenten Effekte im Sinn des Gemeinwohls zu nutzen. Dies gilt insbesondere für:

- Marke als Qualitätssiegel durch professionelle Gestaltung des Auftritts in der Öffentlichkeit
- Qualitätssicherung durch Auswertung von Rückmeldungen der Leistungsempfänger

Tab. 7.1 Vergleich kommerzielles und soziales Franchising

	Kommerziell	Sozial
Akteure	FG: Unternehmer FN: Unternehmer	FG: Stiftung/gemeinnützige GmbH FN: gemeinnützige GmbH/e.V.
Ziele des FG	Expansion Gewinn Angebotsoptimierung	Expansion Leistungsoptimierung Bestandssicherung
Ziele des FN	Gewinn soziale Anerkennung	Sicherung/Wohlergehen Hilfsbedürftiger gesellschaftliches Ansehen/ Akzeptanz in Zielgruppe Impulse/Erfahrungsaustausch
Zielgruppen	Konsumenten von Diensten und Gütern	Hilfsbedürftige nach Krieg/ Krankheit/Feuer/Wasser/Sturm Behinderte (körperlich/seelisch)
Angebot	Dienstleistungen/Güter für Konsumenten/Gewerbe	Dienstleistungen für Hilfsbedürftige zur Rettung/ Sicherung/Wiederherstellung
Marketing	Hoher Bekanntheitsgrad positives Image Attraktivität Weiterempfehlung	Hoher Bekanntheitsgrad positives Image Anerkennung in der Öffentlichkeit Sponsoren für fachliche Förderung
Koordination	Richtlinienkompetenz	Empfehlungen
Gegenleistung	Eintrittsgebühr Laufende Gebühr	Daten Erfahrungen

7 Das Franchisedesign – In welchen Formen Franchising auftritt

- Höhere Effizienz der Prozesse durch Arbeitsteilung und Spezialisierung
- Höheres „institutionelles" Niveau durch Fortbildung (fachlich und in Human Relations)
- Erfolgsmonitoring durch Erkennen von Optimierungspotenzialen in Betriebsvergleichen
- Höhere Chancen durch gemeinsamen Auftritt bei Förderquellen und Fundraising
- Stärkere Impulse/Kreativität in der Weiterentwicklung durch Erfahrungsaustausch
- Zentrale Koordination durch optimierende interne Kommunikation *auf Augenhöhe*
- Expansion durch Multiplizieren *schlüsselfertiger* innovativer Modelle

Initiatoren sozialer Franchisesysteme sind einerseits Start-Ups (oft initiiert von Sponsoren) und andererseits national oder regional agierende Institutionen (vgl. Abschn. 8.7). Generell ist beim Social Franchising die Durchsetzungskraft der Zentrale gewöhnlich geringer als bei kommerziellen Franchisenetzen.

Ihr Transfer in die Praxis
Wenn Sie in Ihrem Fall an ein Franchisesystem denken, sollten Sie vor allem folgende Fragen klären:

- Erfordert das *Produkt* ein hartes Franchising oder genügt eine Softversion?
- Sind die typischen Franchisenehmer Existenzgründer oder bestehende Betriebe?
- Kann eine Hybridlösung mit Gesellschaftsanteilen vorteilhaft sein?
- Ist ein Netz mit einem hohen Anteil eigener Betriebe geplant?
- Denken Sie an internationale Expansion?

8

Die Franchisewirtschaft – Was typisch ist in der Franchisepraxis

> **Was Sie aus diesem Kapitel mitnehmen**
> - Sie lernen typische Anwendungsfelder des Franchisings in der Praxis kennen.
> - Sie sehen markante Beispiele namhafter Franchisesysteme.
> - Sie erkennen, wie innovative Strategien wirken.
> - Sie erfahren, über welche Zeiträume Franchising wirken kann.

8.1 Quasi-eigene Vertriebskanäle der Industrie

Der klassische Hersteller ohne Onlineshop ist weit entfernt vom Markt. Er hat keinen direkten Kontakt zu Kunden und potenziellen Kunden. Der Vertrieb ist selbstständigen Vertriebspartnern überlassen: Handwerkern, Einzelhändlern, Großhändlern, Werksvertretern, Handelsvertretern. Alle Informationen stammen aus *zweiter Hand*. Der Hersteller spürt nicht, was die Endverbraucher brauchen, wie sie seine Produkte beurteilen, welche Kaufmotive ausschlaggebend sind, welche Serviceanforderungen bestehen, wie sich der Wettbewerb verhält, wo die *Schmerzgrenze* bei den Preisen liegt. Er erfährt dies nur (wenn überhaupt) auf Umwegen über Dritte, unvollständig und gefiltert.

In einem dynamischen Markt ist Wissensdefizit gefährlich, denn die Information ist ausschlaggebend für den Erfolg. Wer mehr weiß als andere, ist stärker. Wer schneller agiert und reagiert, dominiert. Umfangreiches und aktuelles Wissen über Kunden, Anforderungen und den Wettbewerb bedeutet Marktnähe.

Aber Wissen ist nur eine Facette der Marktnähe – eine passive. Noch wichtiger ist der Zugriff auf Vertriebspartner und Kunden. Ein vom Markt weit entfernter Hersteller muss durch seinen Vertriebskanal neben den eigentlichen Produkten (der *Hardware*) auch diejenigen Dinge *transportieren* können, die letztlich den Verkaufserfolg ausmachen: die *Absatz-Software*. Er muss sicher sein, dass Werbebotschaften durch den Kanal bis zum Verbraucher gelangen, Produktinformationen vollständig ankommen, Verkaufsförderungsaktionen marktweit umgesetzt werden, Montage-, Garantie-, Wartungs- und Reparaturservices perfekt erbracht werden. Letztlich muss der Hersteller diese *weichen* Erfolgsfaktoren initiieren, qualifizieren, steuern und kontrollieren können – als zweite Facette der Marktnähe.

Wenn es um Verdrängung geht, kommt noch ein dritter Aspekt hinzu: Der Hersteller braucht sichere Absatzwege. Geschützte Kanäle sind seine Zukunftssicherung. Die klassische mehrstufige Absatzstruktur erfüllt diese Forderungen nur bedingt. Der Hersteller ist sowohl vom Können seiner Vertriebspartner abhängig als auch von deren Wollen. Gewöhnlich kann er das Können (die Qualifikation) nicht beeinflussen und muss sich das Wohl-Wollen erkaufen – immer wieder von Neuem. Bei zunehmendem Verdrängungsdruck kann daraus leicht eine Horrorvision werden. Es ist also kein Wunder, wenn Hersteller danach streben, ihre Vertriebswege durchlässiger, qualifizierter und sicherer zu gestalten. Abgesehen von traditionellen Bindungen stehen, wie Abb. 8.1 zeigt, grundsätzlich verschiedene Absatzwege zur Verfügung.

8 Die Franchisewirtschaft – Was typisch ist in der Franchisepraxis

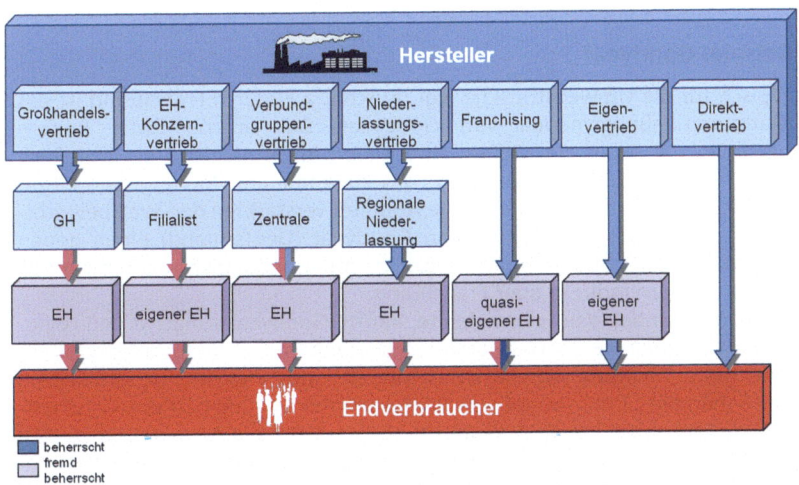

Abb. 8.1 Beherrschung der Kanäle

In den strategischen Überlegungen zur Zukunftssicherung prüfen Hersteller, wie die einzelnen Kanäle ihre Anforderungen erfüllen. Sie sollen marktnah, transparent, steuerbar, flexibel, rationell, sicher und auf das Produkt des Herstellers *fokussiert* sein. In dem Maß wie diese Kriterien erfüllt sind, *beherrscht* der Hersteller den Kanal bis zum Endverbraucher. Er kann agieren, reagieren und gelassen den Verdrängungsstreben seiner Konkurrenten entgegensehen.

Das Anforderungsprofil der Optionen wird (selbstverständlich) dann am besten erfüllt, wenn er den Vertrieb selbst in der Hand hat – also beim Direkt- und Filialvertrieb. Eine beinahe genauso hohe Distributionsleistung bietet allerdings der Franchisevertrieb. Auch dort hat der Hersteller noch vollen Zugriff auf den Kunden. Seine Souveränität endet nicht bevor das Produkt den Markt erreicht – irgendwo in der *Pipeline*. Vor diesem Hintergrund wird auch für Hersteller Franchising immer attraktiver, Eigenvertrieb realisierbar. Sie erhalten einen quasi-eigenen Absatzkanal.

Beispiel Goodyear

Typisch für die Umwegstrategie (vgl. Abschn. 2.2) durch Franchising ist das Markterschließungsmodell von Goodyear. Der amerikanische Reifenhersteller hat bis in die 1980er-Jahre Reifen in Deutschland ausschließlich über freie Reifenhändler verkauft. Das zunehmende Überangebot sorgte für harte Preisverhandlungen. Neue Anbieter verstärkten den Wettbewerbsdruck. In dieser Konstellation ging Goodyear (Deutschland) einen neuen Weg: Das Unternehmen wurde selbst zum Reifenhändler, allerdings nicht direkt, sondern indirekt über Franchising.

Da das Handels-Know-how fehlte, kaufte Goodyear zunächst den regionalen Filialisten Kempen. Mit der so gewonnenen Erfahrung konzipierte eine neue Tochtergesellschaft das Modell eines kleinen hocheffizienten Reifenhändlers. Dazu wurden die Prozesse optimiert und betriebswirtschaftliche Erkenntnisse in der Werkstatt umgesetzt. Um die Attraktivität zu steigern, wurde das Reifensortiment ergänzt durch Module mit damals wachsendem Bedarfspotenzial: Aluräder, technisches Tuning (Tieferlegen), optisches Tuning (Spoiler/Aufkleber).

Nachdem das Geschäftsmodell in mehreren Kempen-Filialen erfolgreich getestet worden war, bot die für die Filialen zuständige Tochtergesellschaft als Systemzentrale die Nutzung unter der Marke „Goodyear" kleineren Reifenhändlern und Existenzgründern im Franchising an. Selbstverständlich hatten die Reifen des Konzerns in deren Sortiment einen dominierenden Anteil. Damit war neben der gewachsenen Vertriebsstruktur ein neuer Kanal entstanden. Später wurden anstelle der Marke Goodyear für die Vertriebsstellen zwei neue Marken eingeführt. Dies minderte zugleich das Konfliktpotenzial von Goodyear gegenüber den alten Vertriebsstrukturen. Strategisch wurde so aus einem Reifenhersteller mit hoher Produktkompetenz ein marktweit agierender Reifenhändler mit Marketingkompetenz, der nebenbei eigene Reifenfabriken hat.

Das war ein Paradigmenwechsel. Er bedeutet nichts anderes als die konsequente Umsetzung der Idee des Marketings: Im Vordergrund steht der Endkunde. Nur wenn er *mit dem Kopf nickt*, haben alle Stufen gewonnen: die Werkstatt vor Ort, das Vertriebsunternehmen und die Reifenfabrik. Marketingkompetenz im gesamten Absatzkanal ist gleichrangig mit chemischer und technischer Kompetenz. Die aus der Reifenfabrik ausgegliederte Systemzentrale (vgl. Abschn. 5.1 Abb. 5.1) hat ausschließlich die Mission, die Partner erfolgreich zu machen und zu halten.

8.2 Neue Rolle für den Großhandel

Aufgrund der zunehmenden Einkaufsmacht von Verbundgruppen einerseits sowie der Abhängigkeit vom Großhandel in der klassischen mehrstufigen Distribution haben Hersteller in den letzten Jahrzehnten eigene Niederlassungen aufgebaut. Damit übernahmen sie Großhandelsfunktionen. In der Folge schrumpften die Marktanteile des Großhandels.

Vorausschauende Großhändler reagierten durch intensivere Betreuung ihrer Kunden und effiziente Logistik in potenzialschwachen Gebieten. So übernahm der Großhandel als Servicedienstleister der nächsten Stufe eine neue Rolle. Da seine kleinbetrieblich strukturierten Kunden wachsenden logistischen und administrativen Anforderungen gegenüberstanden, wurde der Großhandel als Problemlöser ein attraktiver Partner. Er verfügt nicht über ein volles Sortiment und eine leistungsfähige Organisation, sondern oft auch über in Generationen gewachsene Geschäftsbeziehungen.

Großhändler, die diese Chance erkannt haben und als Herausforderung annehmen, bieten Serviceleistungen, die letztlich denen eines Franchisegebers entsprechen. Sie erstrecken sich gewöhnlich nicht auf sämtliche Kunden, sondern als fakultative Dienstleistung nur auf einen Teil. Ein prädestiniertes Feld sind Angebote auf Spezialgebieten, die von Großhandelskunden im Shop-in-Shop-Konzept angeboten werden. Aufgrund seiner Position in der gesamtwirtschaftlichen Wertschöpfungskette hat also der Großhandel generell hervorragende Voraussetzungen, Franchisesysteme zu entwickeln.

Beispiel OBI

Ein klassischer Fall ist OBI, einer der Pioniere des Franchisings in Deutschland. Anlass für die Franchise-Idee war das Aufkommen der Do-it-yourself-Welle vor rund 50 Jahren. Als Bezugsquelle für Baustoffe und Werkzeuge gab es damals nur den Großhandel, spezialisiert nach Gewerken. Dort konnten aber nur Handwerker einkaufen, in jeweils größeren Mengen gegen Lieferschein und Rechnung. Für Heimwerker und die *Akteure* im *grauen Markt* gab es dagegen keine Bezugsquelle.

> Der Markt war reif für Einzelhandel. Initiiert durch den visionären Geschäftsführer Manfred Maus nutzte OBI die Chance und entwickelte ein Baumarktkonzept mit Alleinstellungsmerkmalen: Volles Sortiment an Material und Werkzeugen für mehrere Gewerke, auch kleine Abgabemengen, ansprechende Präsentation, Selbstbedienung, Anwendungsberatung, großer Parkplatz, auch samstags geöffnet. Hinzu kamen professionelle Medienwerbung unter der markanten Marke OBI und der Slogan „alles aus einer Hand".
>
> Nach dem Erfolg der Pilotbetriebe erkannte der Baustoffgroßhandel schnell, dass ihm durch Baumärkte Marktanteile verloren gehen. So konnte die OBI-Zentrale zügig ausgewählte regionale Großhändler für das Einzelhandelsmodell „OBI-Markt" als Diversifikation gewinnen. Um das Konzept „lupenrein" umzusetzen, musste der Großhändler allerdings für jeden Standort eine GmbH als Franchisenehmer gründen. Der geschäftsführende Marktleiter wurde von der OBI-Zentrale ausgewählt, geschult und gesteuert. Somit war der Großhändler auf der ihm fremden Einzelhandelsebene ausschließlich Investor. Allerdings konnte er mit OBI als *zweitem Standbein* ein neues und stark wachsendes Bedarfsfeld in seinem regionalen Markt kompetent abdecken.
>
> Dieses Konzept war so erfolgreich, dass es bald von anderen Handelskonzernen kopiert wurde. Außer der Marke, der Erfahrung des Pioniers, der besonderen Unternehmenskultur und der charismatischen Führung durch den Initiator war nichts schützbar. Inzwischen wird der Markt von mehreren Baumarktketten geprägt. Die Pionierrolle verleiht jedoch OBI nach wie vor eine starke Position. Dies gilt nicht nur im Heimatmarkt, sondern auch international. Das Unternehmen hat beispielsweise den ersten Baumarkt in China eröffnet und ist heute in mehreren Ländern tätig.
>
> Warum konnte OBI so schnell expandieren? Das Konzept war eine echte Innovation, erschloss neue Kundengruppen, denen bisher der Zugang zu Baumaterial und Bauwerkzeugen verwehrt war. Und es geschah gerade im richtigen Moment, als stetig wachsende Handwerkerpreise die bis heute anhaltende DIY-Welle auslösten und zugleich das Volumen der *semiprofessionellen Arbeit* am Wochenende rasant anwachsen ließen. Es war das richtige Produkt im richtigen Moment.

8.3 Der logische Weg für Filialisten

Filialen können gewöhnlich wegen hoher Fixkosten nur in Orten mit konzentriertem Marktpotenzial errichtet werden. Das regional breitgestreute Potenzial kleinerer Orte bleibt für Filialisten unerreichbar. Durch Kombination eigener Vertriebsstellen in Ballungsgebieten mit

8 Die Franchisewirtschaft – Was typisch ist in der Franchisepraxis

Franchisebetrieben in potenzialschwachen Regionen können sie das Marktpotenzial auch in der Fläche ausschöpfen (vgl. Abschn. 7.5).

Für die Filialen ergeben sich auch intern leistungsfördernde Impulse. In Betriebsvergleichen mit Franchisebetrieben erkennt der Filialist, wo Ansatzpunkte für eine Effizienzsteigerung in den eigenen Betrieben liegen. Darüber hinaus bietet ein gemischtes System bewährten Filialleitern die Möglichkeit eines sozialen Aufstiegs zum Franchise-Unternehmer innerhalb der eigenen Organisation. Dies kann sich durchaus motivierend auf das Engagement in den Filialen auswirken.

Vorteilhafte Effekte sind nicht nur Mehrumsatz und Franchisegebühren, sondern auch der Erfahrungsaustausch mit den Franchisenehmern sowie ihre Beiträge zum Aufbau von Markenimage und Bekanntheitsgrad. Hinzu kommt der Leistungswettbewerb zwischen dem *Lager* der Filialleiter und dem der im Franchising tätigen Unternehmer.

Beispiel Fielmann

Der Augenoptiker ist Handwerker. Er misst die Sehschärfe, passt das Gestell an und schleift die Rohlinge auf die Form der Brille zu. Die Nachfrage ist gesichert, solange sich die Zahl der Optiker durch die Lehre nach Standesrecht reguliert.

Vor 50 Jahren erkannte der Cuxhavener Optiker Günther Fielmann, dass die Brille nicht nur ein *Ersatzteil* ist, sondern zu den „lebenden Produkten" gehört, die einen emotionalen Aspekt haben. Die Brille prägt das Gesicht, ist wesentlicher Teil der Persönlichkeit. Es geht nicht nur darum, besser zu sehen, sondern auch als Brillenträger besser auszusehen.

Für Kassenpatienten gab es in den 70er-Jahren nur sechs Einheitsfassungen aus Kunststoff – also keine Chance auf individuelle Gestaltung. Fielmann fand heraus, dass er zum selben Preis bei weltweiter Suche auch ein breites Sortiment anbieten kann: 600 Kunststoffbrillen und fast 100 Metallbrillen. Eine kleine regionale AOK konnte er dazu bewegen, über einen Sondervertrag die Kosten für Brillen aus seinem Sortiment zu übernehmen. Das war das Ende der Kassenbrille und für Fielmann ein markanter Wettbewerbsvorteil (vgl. Abschn. 2.1). So entstand die Brillenmode.

Mit dieser Marktposition konnte Fielmann schnell Filialen errichten und marktweit wachsen. Rund 20 Jahre später hatte das Unternehmen mit 3 % aller Augenoptikgeschäfte in Deutschland einen Stückzahlanteil von über 15 %. Mit einer eigenen Akademie für Augenoptiker stieg Fielmann 2001 in

> die Ausbildung ein. Damit schuf er zugleich eine Quelle für den Nachwuchs in seinen Filialen. Nach weiteren zehn Jahren ging das Unternehmen an die Börse.
> Gleichzeitig begann Fielmann 2008 mit Franchising. Mit über 500 Filialen in Deutschland waren die potenzialstarken Standorte abgedeckt. In kleineren Orten *rechnete* sich das Geschäftsmodell mit aufwändiger Technik und hochqualifizierten Optikern nicht – zumindest nicht bei angestelltem Personal in einem Konzern. Mit dem Engagement selbstständiger Optikunternehmer bot Franchising die Chance zu weiterer Expansion. Zugleich war es ein Anreiz für verdiente Mitarbeiter.
> Wesentlich für den Erfolg von Fielmann war die konsequente Umsetzung der Philosophie des Marketings in einem traditionell handwerklich geprägten Feld. Fielmann hat als Erster Brillenfassungen als attraktives Produkt offen präsentiert und neben seiner Discountstrategie innovative Zusatzleistungen angeboten: Geld-Zurück-Garantie, Zufriedenheitsgarantie, Nulltarifversicherung. Letztlich ging es um Innovationen im Handwerk. Heute hat das in der zweiten Generation noch immer familiengeführte Unternehmen mit einem Omnichannel-Konzept über 900 Standorte in 16 Ländern und 27 Millionen Kunden. In diesem Modell ist Franchising ein wesentlicher Baustein.

8.4 Dienstleistung als Markenartikel

Der Dienstleistungsmarkt wächst in den hochentwickelten Ländern unaufhaltsam. Gerade in einem expandierenden Wirtschaftssektor kommen die Vorteile des Franchisings als Multiplikator voll zum Tragen. Daher bildet der Dienstleistungssektor einen Schwerpunkt innerhalb der Franchisewirtschaft.

Grundsätzlich ist eine Dienstleistung allerdings ein schwieriges Produkt: Sie ist nicht lager- und transportfähig, muss also am Ort und zum Zeitpunkt ihres Bedarfs produziert werden. Außerdem ist sie an Menschen gebunden, ihre Fähigkeiten, Vorstellungen und Stimmungen. Dies bedeutet eine Herausforderung für überregional tätige Dienstleister. Sie müssen überall im Markt Mitarbeiter finden, ausbilden, motivieren, konzeptionsgerecht steuern und ständig die Qualität ihrer Arbeit kontrollieren.

In dieser Konstellation bietet Franchising vorteilhafte Effekte. Das Franchisepaket sichert einen attraktiven Auftritt mit hohem Qualitätsstandard. Der Einsatz von Risikokapital durch die Partner gewährleistet Engagement und Selbstkontrolle. Somit kann sich die Zentrale darauf beschränken, Impulse zu setzen, die Aktivitäten zu koordinieren und das Ergebnis zu überprüfen. Daher dringen im Dienstleistungssektor Franchisesysteme immer weiter vor (vgl. Abschn. 1.6). Zu den typischen Sparten gehören Gastronomie, Hotellerie, Immobilienvermittlung, Autovermietung, Logistik, Telekommunikation, Reisebüros und Bildung.

Ursprünglich war der Dienstleistungsmarkt wegen der personenorientierten Anforderungen von kleinen und mittleren Anbietern geprägt. Inzwischen steigen in diesen lukrativen Sektor zunehmend große Unternehmen ein. Dies gilt auch für Konzerne, deren Schwerpunkt traditionell in der industriellen Massenfertigung liegt und deren Gewinnchancen durch Globalisierung schrumpfen.

Ein Problem ist allerdings die *Kundenpyramide*. Mit eigenen Aktivitäten können Konzerne nur die Spitze erreichen, eine kleine Zahl großer Abnehmer. Die Strukturen sind ähnlich und die Overheads von Konzernfilialen lassen sich in den Preisen unterbringen. Schwieriger ist es mit dem *Unterbau* der Pyramide. Im Mittelfeld gibt es eine große Zahl kleinerer und mittlerer Unternehmen sowie Freiberufler. Das Fundament bilden Millionen privater Haushalte. Sie alle haben einen Bedarf an Dienstleistungen, allerdings in jeweils kleiner Menge, an vielen Orten und auf einem geringeren Preisniveau. Außerdem suchen sie einen ortsansässigen Dienstleister *zum Anfassen*, mit dem sie emotional eher *kompatibel* sind als mit einer Konzernfiliale.

In dieser Konstellation ist Franchising für Dienstleistungskonzerne optimal. Sie können auch den Unterbau der Kundenpyramide bedienen – indirekt mit Franchisenehmern. So erschließen sie Mittelstand durch Mittelstand. Franchising wird zum *Schlüssel* für das große und relativ preisstabile Potenzial der kleineren Kunden. Hinzu kommt ein Sicherheitsaspekt: Das Geschäft mit Tausenden kleiner Kunden ist weniger riskant als das Geschäft mit wenigen Großkunden. Ein weiterer Aspekt ergibt sich bei Produkten und Dienstleistungen mit geringen Unterscheidungsmerkmalen. Hier entscheidet der Umgang mit den Kunden, das Beziehungsmarketing (vgl. Abschn. 4.2). Das ist eine der Stärken des Franchisings.

> **Beispiel Engel & Völkers**
>
> Ein eindrucksvolles Beispiel für Franchising im Dienstleistungssektor ist die Immobilienkette Engel & Völkers. Vor 50 Jahren gab es zwar auch alteingesessene renommierte Betriebe, aber im Allgemeinen hatten Immobilienmakler keinen guten Ruf. Es gab keine fachlich fundierte Ausbildung, keine standesrechtlichen Institutionen, keine qualitätsorientierten Leitlinien. Da keine Markteintrittsschwellen vorhanden waren und die Provisionen schnelles Geld mit geringem Aufwand ermöglichten, war die Qualifikation zahlreicher Makler gering. Viele hatten schlichte Büros bis hin zu *Küchenmaklern*, die ihr Geschäft von Zuhause aus betrieben.
>
> In diesem Umfeld gründete 1977 Dirk Engel in Hamburg ein Maklerbüro. Er war qualitäts- und serviceorientiert, wollte es anders und besser machen als die anderen. Deshalb wurde er Franchisenehmer einer amerikanischen Kette. Etwas später kam Christian Völkers hinzu. Im Gegensatz zu dem damals marktweit üblichen Bild der Branche, präsentierten sie sich kundennah und vertrauensbildend. Dazu gehörten ein Ladengeschäft mit Schaufenster an einem Standort mit höherwertigen Wohnimmobilien sowie ein Wertigkeit ausstrahlendes Erscheinungsbild. Vorbild für den Kundenkontakt waren Regeln, die damals bereits im hochwertigen Einzelhandel üblich waren: ansprechendes Ambiente, verkaufspsychologisch optimierte Argumentation, professionelle Präsentation der Objekte.
>
> Diese Strategie ging auf. Seit 1990 multipliziert Engel & Völkers das Geschäftsmodell im Franchising. Inzwischen wurde daraus ein in 30 Ländern mit über 800 Standorten agierender Immobilienkonzern mit rund 13.000 Personen. Konzentrierte sich das Unternehmen zunächst auf Luxus- und Gewerbeimmobilien, kamen später denkmalgeschützte Gebäude, Landgüter, Wälder und Yachten hinzu. In Kooperation mit Land Rover betreibt Engel & Völkers an einigen Standorten sogar Poloschulen.
>
> Das Erfolgsgeheimnis liegt im Bekanntheitsgrad und Image der Marke sowie der konsequenten Qualitätsorientierung mit Rundum-Service. Das globale Netzwerk und über 40 Jahre Marktexpertise sind eine starke Reputation, um neue Franchisepartner, Immobilienberater und Kunden zu gewinnen. Der Fall Engel & Völkers ist ein Beispiel dafür, dass es auch ohne Innovation und Imitation geht, einfach durch ständige Bemühungen um kleine Verbesserungen in den ganz normalen Strukturen und Prozessen (vgl. Abschn. 4.3).

8.5 Zukunftssicherung für Verbundgruppen

Die aus Einkaufsvereinigungen hervorgegangenen Verbundgruppen prägten jahrzehntelang den Einzelhandel in nahezu allen Sparten. Allein durch Bündelung des Bedarfs erreichten sie gegenüber den Lieferanten eine so starke Position, dass sie Sonderkonditionen und Boni erhielten sowie eine Belieferung ihre Mitglieder im Streckengeschäft. Inzwischen haben die Gruppen ihre Aktivitäten auch auf den Absatz ihrer Mitglieder ausgedehnt. Im Wettbewerb mit Herstellern und Großhändlern binden sie zwar weiterhin ihre Mitglieder durch Einkaufsvorteile. Darüber hinaus sind sie für die Mitglieder problemlösende Dienstleister. Das Servicekonzept entspricht dem einer Franchisezentrale. Das Modell ist eine Form des Soft-Franchisings (vgl. Abschn. 7.2).

In Anbetracht der Heterogenität der Mitgliederbetriebe und regionaler Überschneidungen können Verbundgruppen ihre Mitglieder gewöhnlich nicht als Ganzes in ein Franchisesystem überführen. Teilweise werden daher Untergruppen mit jeweils annähernd gleichem Profil gebildet und dann mit eigenem Marktauftritt zu Franchisesystemen entwickelt. Eine weitere Variante sind spezialisierte Geschäftsmodelle, die den Mitgliedern als Diversifikation oder Konversion im Franchising angeboten werden.

Im Gegensatz zum klassischen Franchising liegt in den Verbundgruppen die Entscheidungshoheit allerdings bei den Mitgliedern. Dies erschwert die Durchsetzungskraft der Systemzentrale für unkonventionelle Lösungen oder überregional einheitliche Marketingaktivitäten.

Beispiel NORD WEST RING

Ein klassisches Beispiel aus der Praxis ist die aus der 1919 gegründeten Nord-West-Schuh Einkaufsgenossenschaft hervorgegangene ANWR Group e.G., die führende europäische Handelskooperation im Non-Food-Bereich. Das Unternehmen war ursprünglich eine reine Einkaufsvereinigung mit dem Ziel, Bedarf zu bündeln und günstiger einzukaufen – reine Machtpolitik. Kein Schuhhersteller konnte riskieren, einen beträchtlichen Umsatzanteil zu verlieren. Die Rückvergütungen waren daher letztlich ein *Auslistungsverhütungs-Bonus*. In diesem Konzept war die Struktur der Händler unwesentlich.

Die *Waffe* wurde allerdings *stumpf*, als zunehmend große Filialisten mit ähnlichem Volumen auftraten, die genauso günstige Konditionen erhielten und für den Lieferanten sogar kostengünstiger zu handhaben waren, weil es nur einen Ansprechpartner gibt. Daher musste die Nord West Genossenschaft wie alle ähnlichen Vereinigungen ihre Aktivitäten von der bequemen Einkaufsseite auf die mühsame Absatzseite erweitern.

> Die neue strategische Ausrichtung bedeutet Einfluss auf die Mitglieder hinsichtlich Sortiment, Marktauftritt und Marketing unter einer überregional beworbenen Marke. Da schwache Geschäfte dem Ansehen der gesamten Gruppe schaden, musste auch betriebswirtschaftliche Unterstützung hinzukommen. Dieser Ansatz ähnelt weitgehend dem Franchising, allerdings mit dem Unterschied, dass der Franchisegeber den Franchisenehmern gehört.
> Aktivitäten auf dem Absatzmarkt erforderten bei Nord West allerdings zunächst eine Segmentierung der heterogenen Mitgliederstruktur. So entstanden Profilgruppen: Forma für bequeme Schuhe, Moda für modische Schuhe. Für diese Gruppen war überregionale Markenwerbung im Fachhandel möglich, ergänzt durch fakultative Beratung nach einer *Speisekarte* (vgl. Abschn. 7.2). Das war Soft-Franchising.
> Eine neue Herausforderung stellte sich mit dem Aufkommen der Discountlinien. Um dieses Marktsegment nicht zu verlieren, konzipierte die Zentrale ein spezielles Geschäftsmodell für den Discount-Schuhhandel unter einer eigenen Marke: Quick Schuh. Die Umsetzungen dieses für den Verbund innovativen Konzepts wurde einer Tochtergesellschaft übertragen. Das war Neuland. Hier begann jeder Partner auf der *Grünen Wiese*. So konnte die Zentrale Franchising konsequent realisieren. Jetzt war klassisches Business-Format-Franchising möglich. Dieser Weg brachte der Gruppe auch neue Köpfe, insbesondere die Söhne und Töchter der bisherigen Partner. Sie konnten mit dem Kapital der Eltern ein eigenes Geschäft aufbauen und sich eigenständig als Unternehmer entfalten. Unter der *Schirmherrschaft* der Zentrale konnte nicht viel passieren. Mit der nächsten Generation an Bord sahen die Eltern darüber hinaus eine Perspektive für ihr angestammtes Fachgeschäft.

8.6 Lukrative Nischen im Handwerk

Auch im Handwerk bestehen seit Jahrzehnten erfolgreiche Franchisesysteme. Sie haben sich vor allem in Marktnischen entwickelt. Dort liefert die traditionelle handwerkliche Ausbildung das erforderliche Wissen nicht oder nur begrenzt. Notwendig sind Spezialkenntnisse. Der Franchisegeber hat sie in langjähriger Konzentration auf einem eng begrenzten Feld selbst erworben. Es sind seine Geschäftsgeheimnisse. Damit ist er attraktiv im Partnermarkt, und der Know-how-Transfer als Kern des Franchisings (vgl. Abschn. 1.4) kommt zum Tragen.

8 Die Franchisewirtschaft – Was typisch ist in der Franchisepraxis 117

Marketing erscheint vielen traditionellen Handwerkern aufgrund der ständig hohen Nachfrage nicht erforderlich. Franchisegeber im Handwerk vermarkten ihre Leistungen dagegen aktiv und kundenorientiert – wie eine Dienstleistung. Markante Gewerke sind beispielsweise Kfz-Service markenunabhängig (AUTOMEISTER), Solaranlagen (ENERIX), trockene Keller (ISOTEC), Gebäuderenovierung (PORTAS), Haustreppen (TREPPENMEISTER), Schlüsseldienst (MISTER MINIT).

Diese Felder veranschaulichen den hohen Spezialisierungsgrad der Handwerker in der Franchisewirtschaft. Werden auf einem eng begrenzten handwerklichen Gebiet die Wirkungsmechanismen des Franchisings umgesetzt, entstehen im Wettbewerb mit dem traditionellen Handwerk deutliche Wettbewerbsvorteile. Abgesehen vom Marketing gilt dies insbesondere für die Entwicklung, Weitergabe und Nutzung von Know-how sowie den intensiven Erfahrungsaustausch.

Beispiel Town & Country

Ein markantes Beispiel ist das 1997 gegründete Franchisesystem Town & Country-Haus für den Bau kostengünstiger Massivhäuser. Als gravierendes Problem der Zielgruppe erkannte der Gründer Jürgen Dawo nicht nur die Schwelle hoher Baukosten, sondern auch Unsicherheit und Ängste der Bauherren. Durch konsequente Standardisierung der Architektur und Prozesse erreichte er „mietähnliche" Konditionen. Durch einen Hausschutzbrief überwand er die Ängste vor Kostenüberschreitung, Terminüberschreitung, Bauabbruch oder Insolvenz des Bauunternehmers.
Die Umsetzung des Konzepts erfolgt über ein Franchisesystem mit zwei Säulen: Franchisenehmer „Hausverkauf" für Vertrieb und Grundstücksmarkt, Franchisenehmer „Projekabwickler" für den Bau. Inzwischen hat das Unternehmen rund 350 Franchisenehmer mit insgesamt über 1000 Mitarbeitern. Der Schlüssel des Erfolgs von Town & Country liegt in der „engpassorientierten Strategie" (EKS): Marktführerschaft durch konsequente Spezialisierung. Letztlich geht es darum, gerade bei den größten Problemen der Endkunden etwas besser zu machen als andere!
Nachdem inzwischen die zweite Generation die Geschäftsführung übernommen hat, ist auch langfristige Kontinuität gesichert – ein markantes Merkmal von Familienunternehmen und ein solides Fundament für Franchising.

8.7 Multiplikation sozialer Dienste

Sozial-Franchising bedeutet nichts anderes als die konsequente Umsetzung der betriebswirtschaftlichen Erkenntnisse in sozialen Institutionen (vgl. Abschn. 7.6). Sie haben zwar eine andere Zielsetzung, sind jedoch operativ genauso zu betrachten wie ein kommerzielles Unternehmen. Der wesentliche Unterschied besteht darin, dass Sozial-Franchising keine Gewinnmaximierung anstrebt, sondern qualitativ und quantitativ bessere Sozialleistungen bei gegebenen Mitteln. Es geht um hohe und regional einheitliche Qualität mit effizienten Prozessen sowie um gesellschaftliche Anerkennung. Falls wirtschaftlich positive Ergebnisse auftreten, sind sie nicht kontraproduktiv, soweit die Mittel den sozialen Zwecken der jeweiligen Institution dienen.

Davon abgesehen *leben* soziale Institutionen im Gegensatz zu wirtschaftlichen Unternehmen nicht nur von Dienstleistungsvergütungen, sondern häufig zu einem wesentlichen Teil von Sponsoren und staatlicher Förderung. Das *Honorar* für die Leistungen der Zentrale beschränkt sich im Allgemeinen auf das Liefern von Daten und Erfahrungsaustausch.

Franchisesysteme mit sozialer Mission sind ein junges Segment in der deutschen Franchisewelt. Zunehmend entstehen in diesem Bereich neue Konzepte, oft angestoßen von einem Mäzen. Nach erfolgreichem Pilottest hat auch der Sponsor das Ziel der schnellen Verbreitung bei kontrollierter Qualität und inspirierendem Erfahrungsaustausch – markante Elemente des Franchisings.

Die bisherigen Initiativen für solche Franchisesysteme gingen vorwiegend von sozialen Start-ups aus. Daneben gab es aber auch vereinzelt Franchisegedanken in großen national aktiven Institutionen des Gemeinwohls. Solche Organisationen haben eine lange Historie, internationale Verbindungen, gewachsene Hierarchien und stehen unter dem Patronat von Ländern, Kommunen oder Kirchen. In ihrer Struktur sind zwar ebenfalls Elemente des Franchisings zu erkennen, es sind aber keine Franchisesysteme. Sobald sie jedoch Projekte auf einem neuen Feld initi-

8 Die Franchisewirtschaft – Was typisch ist in der Franchisepraxis

ieren, wird Franchising durchaus als Denkmodell herangezogen, mit derselben Vision und Zielsetzung wie die Start-ups des Social-Franchisings.

> **Beispiel Rotes Kreuz**
>
> Ein typisches Beispiel ist das Rote Kreuz, wenngleich die in langer Zeit gewachsene Struktur ein franchiseähnliches Prinzip zwar nicht erkennen lässt. Parallelen sind jedoch vorhanden. Inhaber der internationalen Marke „Rotes Kreuz" sowie des Bildzeichens ist das Internationale Komitee vom Roten Kreuz in Genf, *Masterlizenznehmer* für Deutschland der e.V. Deutsches Rotes Kreuz in Berlin. Alle Institutionen in den Ländern, Kreisen und Städten sind de facto *Lizenznehmer*.
>
> Das Spektrum der sozialen Leistungen ist breit: Heime für Senioren und Behinderte, Krankenhäuser, Krankentransporte, Rettungsflugeinrichtungen, Bergwacht, Suchhundestaffeln. Auf jedem dieser Felder sind spezielle Erfahrungen erforderlich. Daher liegt es auf der Hand, das durch Erfahrungen vor Ort gewonnene Wissen zu sammeln und in die Tätigkeit der einzelnen Institutionen wieder einfließen zu lassen.
>
> Dies gilt insbesondere bei der Entwicklung neuer sozialer Dienstleistungen wie der Betreuung von Flüchtlingen oder Diensten zur Sterbebegleitung. In jedem Fall geht es um ein möglichst schnelles flächendeckendes Installieren entsprechender Einrichtungen sowie die Verbreitung des für das neue Sozialkonzept erforderlichen Wissens. Das ist typisch für Franchising! Daher liegt es nahe, dass auch das Rote Kreuz bereits über Social-Franchising nachgedacht hat.

Die Materie des Franchisings ist komplex. Die Beispiele aus der Franchisewelt sollen dazu beitragen, den Bezug zur Praxis herzustellen und die gewonnenen Erkenntnisse auf Ihren konkreten Fall umzusetzen.

> **Ihr Transfer in die Praxis**
> Die Praxisbeispiele sind als Anregungen gedacht. Bitte überlegen Sie:
>
> - Welche Erkenntnisse können Sie aus den Beispielen ableiten?
> - Welche Effekte sind auf Ihr Feld übertragbar?
> - Wo sehen Sie in Ihrem Bereich Ansatzpunkte für das Franchiseprinzip?
> - Wer müsste wo welche Initiative ergreifen?

Nachwort

Wenn Sie dieses Buch gelesen haben, werden Sie es spüren: Franchising bietet einem auf Wachstum ausgerichteten Unternehmer attraktive Chancen. Aber Entwicklung und Aufbau eines Franchisesystems erledigt man nicht nebenbei. Es bedeutet nicht nur eine neue Strategie mit einer anderen Unternehmensphilosophie, sondern auch ein langfristiges Bekenntnis zu enger und langfristiger Partnerschaft. Mal ausprobieren und bei ausbleibendem Erfolg wieder aufhören – das geht nicht.

Als Franchisegeber veranlassen Sie andere, in Ihr Geschäftsmodell zu investieren (gewöhnlich mit erheblichem Fremdkapital) – im Vertrauen auf ein erfolgreiches Geschäft für lange Zeit. Das aus der Franchisestrategie resultierende Engagement an der Schnittstelle zum Kunden macht Sie stark, verlangt aber auch Verantwortung, selbst wenn das nirgends geschrieben steht. Sie ergibt sich zwangsläufig aus dem Wesen des Franchisings – der Synthese der Egoismen. Wird sie *mit ganzem Herzen* angestrebt, führt sie zu einem Win-Win-Win-Effekt für den Kunden, den Partner im Markt und Sie als Franchisegeber. Franchising hat Tiefgang – aber es ist kein Spiel.

The manufacturer's authorised representative in the EU is Springer Nature Customer Service Centre GmbH, Europaplatz 3, 69115 Heidelberg, Germany. If you have any concerns regarding our products, please contact ProductSafety@springernature.com

Printed and bound by CPI Group (UK) Ltd, Croydon, CR0 4YY

23/03/2026

02076466-0011